Coleção Eu gosto m@is

ENSINO FUNDAMENTAL

LÍNGUA PORTUGUESA
8º ano

Tânia Amaral Oliveira
Elizabeth Gavioli
Cícero de Oliveira
Lucy Araújo

1ª EDIÇÃO
SÃO PAULO
2012

IBEP

Coleção Eu Gosto Mais
Língua Portuguesa – 8º ano
© IBEP, 2012

Diretor superintendente	Jorge Yunes
Gerente editorial	Célia de Assis
Editora	Nina Basílio
Assistentes editoriais	Ana Latgé
	Érika Domingues do Nascimento
	Karina Danza
Revisão	André Tadashi Odashima
	Karina Danza
	Maria Inez de Souza
Coordenadora de arte	Karina Monteiro
Assistentes de arte	Marilia Vilela
	Tomás Troppmair
Coordenadora de iconografia	Maria do Céu Pires Passuello
Assistentes de iconografia	Adriana Correia
	Wilson de Castilho
Ilustrações	Jótah
	Renato Arlem
Produção editorial	Paula Calviello
Produção gráfica	José Antonio Ferraz
Assistente de produção gráfica	Eliane M. M. Ferreira
Capa	Equipe IBEP
Projeto gráfico	Equipe IBEP
Editoração eletrônica	N-Publicações

CIP-BRASIL. CATALOGAÇÃO-NA-FONTE
SINDICATO NACIONAL DOS EDITORES DE LIVROS, RJ

L727

    Língua portuguesa : 8º ano / Tania Amaral Oliveira... [et al.]. - 1.ed. - São Paulo : IBEP, 2012.
      il. ; 28 cm   (Eu gosto mais)

    ISBN 978-85-342-3406-1 (aluno) - 978-85-342-3410-8 (mestre)

    1. Língua portuguesa - Estudo e ensino (Ensino fundamental). I. Oliveira, Tania Amaral. II. Série.

12-5715.   CDD: 372.6
                                                  CDU: 373.3.016:811.134.3

13.08.12 20.08.12   038093

1ª edição – São Paulo – 2012
Todos os direitos reservados

IBEP

Av. Alexandre Mackenzie, 619 – Jaguaré
São Paulo – SP – 05322-000 – Brasil – Tel.: (11) 2799-7799
www.ibep-nacional.com.br   editoras@ibep-nacional.com.br

Apresentação

Caro aluno e cara aluna,

Não sabemos quem vocês são, mas imaginamos que estejam curiosos para saber o que lhes trazem as páginas deste livro. Por isso adiantamos algumas respostas. Esta obra foi escrita especialmente para você que gosta de fazer descobertas por meio de trabalhos individuais ou em grupo e de se relacionar com as pessoas ao seu redor.

Para vocês que gostam de falar, de trocar ideias, de expor suas opiniões, impressões pessoais, de ler, de criar e escrever, foram preparadas atividades que, certamente, farão com que gostem mais de estudar português. Estão duvidando disso? Aguardem os próximos capítulos e verão que estamos certos.

Este livro traz algumas ferramentas para tornar as aulas bem movimentadas, cheias de surpresas. Vocês terão oportunidade de ler e interpretar textos dos mais variados gêneros: narrativas de ação, de suspense, de ficção científica, causos, mitos e lendas do Brasil e de outras regiões do planeta, textos teatrais, poemas, textos retirados de revistas e jornais, textos instrucionais, histórias em quadrinhos e muito mais.

Mas não estamos rodeados apenas de textos escritos. Vivemos num mundo em que a imagem, o som e a palavra falada ou escrita se juntam para construir atos de comunicação. Por isso, precisamos desvendar o sentido de todas essas linguagens que nos rodeiam para melhor interagir com as pessoas e com o mundo em que vivemos. Assim, descobriremos os múltiplos caminhos para nos comunicar.

Acreditem: vocês têm uma capacidade infinita e, por isso, a responsabilidade de desenvolvê-la. Pesquisem, expressem suas ideias, sentimentos, sensações; registrem suas vivências; construam e reconstruam suas histórias; sonhem, emocionem-se, divirtam-se, leiam por prazer; lutem por seus ideais, aprendendo a defender as suas opiniões oralmente e por escrito. Não sejam espectadores na sala de aula, mas agentes, alunos atuantes. Assim darão mais sentido às atividades escolares, melhorarão seu desempenho nessa área e, com certeza, descobrirão a alegria de aprender.

Um abraço!

Os autores

Sumário

UNIDADE 1 – VEM FALAR COMIGO 10

Para começo de conversa 11

CAPÍTULO 1 – BAÚ DE PALAVRAS 12

Prática de leitura – Verbete 12
Texto 1 – Palavra 12
   Por dentro do texto 13
   Texto e construção 15

Reflexão sobre o uso da língua
   Estrutura das palavras: lexemas e morfemas 16
   Aplicando conhecimentos 17

Prática de leitura – Novela (fragmento) 19
Texto 2 – Campo Geral 19
   Por dentro do texto 21
   Texto e construção 21

De olho na escrita
   Polissemia 22
   Aplicando conhecimentos 23

Prática de leitura – Prefácio de livro 25
Texto 3 – Prefácio de Codinome Duda 25
   Por dentro do texto 25
   Texto e construção 26

De olho na escrita
   Emprego dos sufixos –es/-esa e -ez/-eza 27

Produção de texto 28

Leia mais 30

Preparando-se para o próximo capítulo 30

CAPÍTULO 2 – ADOLESCER ... 31

Prática de leitura – Poema ... 31
Texto 1 – Mascarados ... 31
    Por dentro do texto ... 32

Reflexão sobre o uso da língua
    Modos verbais ... 33
    Aplicando conhecimentos ... 35

Prática de leitura – Poema ... 38
Texto 2 – O adolescente ... 38
    Por dentro do texto ... 39

Reflexão sobre o uso da língua
    Frase e oração ... 40
    Aplicando conhecimentos ... 41

Prática de leitura – Romance infantojuvenil (fragmento) ... 43
Texto 3 – "Um bom sujeito" ... 43
    Por dentro do texto ... 45

Reflexão sobre o uso da língua
    Tipos de sujeito: revisão ... 46
    Aplicando conhecimentos ... 47

Prática de leitura – Poema ... 50
Texto 4 – O medo ... 50
    Por dentro do texto ... 51

Reflexão sobre o uso da língua
    Oração sem sujeito ... 52
    Aplicando conhecimentos ... 54

De olho na escrita
    Uso de há/ah/a ... 54

Produção de texto ... 56

Leia mais ... 57

UNIDADE 2 – HISTÓRIAS DE ENCANTOS E AVENTURAS ... 58

Para começo de conversa ... 59

CAPÍTULO 1 – LENDAS, MITOS E ABÓBORAS MÁGICAS 60

Prática de leitura – Lenda 60
Texto 1 – Irapuru – o canto que encanta... 60
    Por dentro do texto 61
    Texto e construção 61

Reflexão sobre o uso da língua
    Particípio 63
    Aplicando conhecimentos 64

Prática de leitura – Mito 66
Texto 2 – O príncipe infeliz e as abóboras desprezadas 66
    Por dentro do texto 68

Reflexão sobre o uso da língua
    Tipos de predicado: verbal, nominal e verbo-nominal... 71
    Aplicando conhecimentos 73

De olho na escrita
    Algumas palavras que despertam dúvidas (I) 74

Produção de texto 75

Leia mais 77

Preparando-se para o próximo capítulo 77

CAPÍTULO 2 – DE REPENTE... O INESPERADO 78

Prática de leitura - Romance de aventura (fragmento I) 78
Texto 1 – Primeira parte – a origem da personagem Robinson Crusoé
                 e sua primeira aventura.. 78
    Por dentro do texto 79
    Por dentro do texto 82
    De olho no vocabulário.. 84

Reflexão sobre o uso da língua
    Transitividade verbal 84
    Aplicando conhecimentos 86

Prática de leitura – Romance de aventura (fragmento II) 88
Texto 2 – "As aventuras de Robinson Crusoé" 88
    Por dentro do texto 89
    Texto e construção 90

De olho na escrita 91

Prática de leitura – Conto 92
Texto 3 – A terra dos meninos pelados 93
   Por dentro do texto 96
   Texto e construção 98

Reflexão sobre o uso da língua 99
   Gerúndio
   Aplicando conhecimentos 100

Produção de texto 102

Leia mais 104

Preparando-se para o próximo capítulo 105

UNIDADE 3 – ENTRE DUAS ESTAÇÕES 106

Para começo de conversa 107

CAPÍTULO 1 – COM OS OLHOS NO CÉU 108

Prática de leitura – Romance (fragmento) 108
Texto 1 – Os alienígenas humanoides 108
   Por dentro do texto 111
   Texto e construção 113

Reflexão sobre o uso da língua
   Adjunto adnominal 114
   Aplicando conhecimentos 115

Prática de leitura – Notícia 117
Texto 2 – Casa Branca nega ter provas de existência de vida extraterrestre 117
   Por dentro do texto 118

Prática de leitura – Charge
Texto 3 119
   Por dentro do texto 119

Prática de leitura – Texto de divulgação científica 121
Texto 4 – Vem aí o fim do mundo, mas não será neste ano 121
   Por dentro do texto 122

Reflexão sobre o uso da língua
   Adjunto adverbial 124
   Aplicando conhecimentos 125

De olho na escrita 128

Preparando-se para o próximo capítulo 132

CAPÍTULO 2 – ESTAÇÃO DO RISO 133

Prática de leitura – Crônica 133
Texto 1 – Amigos 133
   Por dentro do texto 136
   Texto e construção 137

Reflexão sobre o uso da língua
   Letra e fonema 137
   Aplicando conhecimentos 139

Prática de leitura – Anedotas 140
Texto 2 – "Pulga sonhadora" e "Bem explicado" 140
   Por dentro do texto 141
   Texto e construção 141

De olho na escrita
   Jogos ortográficos 142

Prática de leitura – Causo 143
Texto 3 – Filhote não voa 143
   Por dentro do texto 144

Reflexão sobre o uso da língua
   Revisão: variedades linguísticas e marcas de oralidade 145
   Aplicando conhecimentos 146

Produção de texto 149

Preparando-se para o próximo capítulo 151

UNIDADE 4 – COMUNICAÇÃO E CONSUMO 152

Para começo de conversa 153

CAPÍTULO 1 – OLHOS CRÍTICOS 154

Prática de leitura – Reconto de fadas 154
Texto 1 – Dois beijos – o príncipe desencantado 154
   Por dentro do texto 155

Reflexão sobre o uso da língua
   Vocativo 156
   Aplicando conhecimentos 157

De olho na escrita
   Parônimos e homônimos 158

Prática de leitura – Notícia ... 160
Texto 2 – Infratoras buscam sonho de consumo "cor-de-rosa" ... 160
Por dentro do texto ... 161

Reflexão sobre o uso da língua
Complemento nominal ... 162
Aplicando conhecimentos ... 163

Prática de leitura – Cartas do leitor ... 166
Texto 3 – "Cartas" ... 166
Por dentro do texto ... 166

Produção de texto ... 167

Preparando-se para o próximo capítulo ... 169

CAPÍTULO 2 – ENTRE O SER E O TER ... 170

Prática de leitura – Conto (fragmento) ... 170
Texto 1 – "O diabo e outras histórias" ... 170
Por dentro do texto ... 172

De olho na escrita
Uso de mau/mal e bom/bem ... 174

Prática de leitura – Propagandas ... 177
Texto 2 ... 177
Por dentro do texto ... 179
De olho na escrita ... 180

Reflexão sobre o uso da língua
Aposto ... 180
Aplicando conhecimentos ... 182

Prática de leitura – Propaganda ... 183
Texto 3 ... 183
Por dentro do texto ... 184
Texto e construção ... 185

Reflexão sobre o uso da língua
Verbo – modo imperativo (revisão) ... 186

Produção de texto ... 190

Apêndice ... 193

Glossário ... 216

Indicação de leitura ... 217

Unidade 1

Vem falar comigo

Nesta unidade, você estudará:

- **ESTRUTURA DAS PALAVRAS: LEXEMAS E MORFEMAS**

- **NEOLOGISMO**

- **POLISSEMIA**

- **MODOS VERBAIS**

- **FRASES E ORAÇÕES**

- **REVISÃO: TIPOS DE SUJEITO**

- **ORAÇÃO SEM SUJEITO**

- **ORTOGRAFIA:**

- EMPREGO DOS SUFIXOS -ES/-ESA E -EZ/-EZA

- USO DE HÁ/AH/A

PARA COMEÇO DE CONVERSA

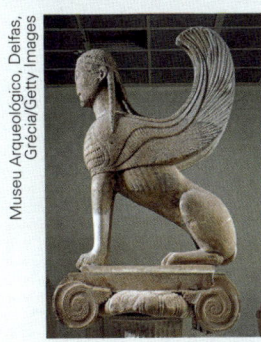

A palavra enigmática

Você já parou para pensar que importância tem a palavra na vida e no nosso dia a dia? Qual a força que a palavra tem? Como ela é usada para ensinar, construir, destruir, enganar, mascarar, separar, reunir?

As palavras têm dono, são livres, são domáveis, são fáceis ou difíceis? As palavras condenam ou absolvem?

Leia o texto a seguir para descobrir um enigma.

Esfinge de Naxos, Delfos, Grécia, c. 560 a.C. Museu Arqueológico, Delfos, Grécia.

O enigma da esfinge e o oráculo de Delfos

A esfinge era um monstro mitológico, com cabeça de mulher, corpo de leão e asas de águia. Essa tradição originou-se no Egito e passou para a Grécia. Sua principal estátua ficava no templo de Apolo, no chamado oráculo de Delfos. Esfinge é uma palavra do egípcio arcaico que significa apertar a garganta até sufocar ou mesmo asfixiar. Já oráculo é uma palavra em parte grega e em parte latina que significa *profeta, adivinho*.

Delfos era um local sagrado onde Apolo, o deus da luz e das profecias, era consultado por meio da sua grande sacerdotisa, chamada de Pítia ou Pitonisa, nome que quer dizer "aquela que vence a escuridão". A esfinge era famosa por seus enigmas, mas todos tinham uma mesma finalidade: "Decifra-me ou te devoro", ou seja, aquele que não os decifrasse era por ela devorado.

Um desses enigmas, muito conhecido, era mais ou menos assim: "O que é, o que é? De manhã anda de quatro, ao meio-dia, sobre duas pernas, e, pela tarde, com três pernas".

Viktor D. Salis. *Mitologia viva: aprendendo com os deuses a arte de viver e amar.* São Paulo: Nova Alexandria, 2003.

---

1. Qual é a palavra que decifra esse enigma?

2. O que acontecia com aqueles que não conseguiam decifrar o enigma da esfinge?

3. Nesse contexto, qual era a importância da descoberta dessa palavra?

4. Leia a frase a seguir e as palavras presentes na ilustração.

   Adolescência é um tempo de lançar-se ao novo e descobrir...

   a) As palavras da ilustração têm relação com você? Por quê?

   b) Em sua opinião, os assuntos a que elas se referem são importantes para se conhecer os adolescentes brasileiros?

   c) Quais desses assuntos você gostaria de discutir melhor?

Capítulo 1

BAÚ DE PALAVRAS

PRÁTICA DE LEITURA

Texto 1 – Verbete

Antes de ler

1. Leia o trecho em destaque no início do texto e responda: que espécie de texto você acha que vai ler?

2. Leia agora o segundo trecho em destaque, no meio do texto. Esse trecho se parece com o primeiro? Você continua com a mesma opinião sobre o tipo de texto? Leia-o e verifique suas hipóteses.

Palavra

As gramáticas classificam as palavras em substantivo, adjetivo, verbo, advérbio, conjunção, pronome, numeral, artigo e preposição. Os poetas classificam as palavras pela alma porque gostam de brincar com elas e para brincar com elas é preciso ter intimidade primeiro. É a alma da palavra que define, explica, ofende ou elogia, se coloca entre o significante e o significado para dizer o que quer, dar sentimento às coisas, fazer sentido. [...] A palavra nuvem chove. A palavra triste chora. A palavra sono dorme. A palavra tempo passa. A palavra fogo queima. A palavra faca corta. A palavra carro corre. A palavra palavra diz. O que quer. E nunca desdiz depois. As palavras têm corpo e alma mas são diferentes das pessoas em vários pontos. As palavras dizem o que querem, está dito e pronto. As palavras são sinceras, as segundas intenções são sempre das pessoas. [...] As palavras também têm raízes mas não se parecem com plantas, a não ser algumas delas, verde, caule, folha, gota. **As células das palavras são as letras. Algumas são mais importantes do que as outras. As consoantes são um tanto insolentes. Roubam as vogais para construírem sílabas e obrigam a língua a dançar dentro da boca. A boca abre ou fecha quando a vogal manda. As palavras fechadas nem sempre são mais tímidas. A palavra sem-vergonha está aí de prova.** Prova é uma palavra difícil. Porta é uma palavra que fecha. Janela é uma palavra que abre. Entreaberto é uma palavra que vaza. Vigésimo é uma palavra bem alta. Carinho é uma palavra que falta. Miséria é uma palavra que sobra. A palavra óculos é séria. Cambalhota é uma palavra engraçada. A palavra lágrima é triste. A palavra catástrofe é trágica. A palavra súbito é rápida. Demoradamente é uma palavra lenta. Espelho é uma palavra prata. Ótimo é uma palavra ótima. Queijo é uma palavra rato. Rato é uma palavra rua. Existem palavras frias como mármore. Existem palavras quentes como sangue. Existem palavras mangue, caranguejo. Existem palavras lusas, Alentejo. Existem palavras itálicas, *ciao*. Existem palavras grandes, anticonstitucional. Existem palavras pequenas, microscópio, minúsculo, molécula, partícula, quinhão, grão, covardia. Existem palavras dia, feijoada, praia, boné, guarda-sol. Existem palavras bonitas, madrugada. Existem palavras complicadas, enigma, trigonometria, adolescente, casal. Existem palavras mágicas, shazam, abracadabra, pirlimpimpim, sim e não. Existem palavras que dispensam imagens, nunca, vazio, nada, escuridão. Existem palavras sozinhas, eu, um, apenas, sertão. Existem palavras plurais, mais, muito, coletivo, milhão. Existem palavras que são um palavrão. Existem palavras pesadas, chumbo, elefante, tonelada. Existem palavras doces, goiabada, *marshmallow*, quindim, bombom. Existem palavras que andam, automóvel. Existem palavras imóveis, montanha. Existem palavras cariocas, Corcovado. Existem palavras completas, elas todas. Toda palavra tem a cara do seu significado. A palavra pela palavra tirando o seu significado fica estranha. Palavra, palavra, palavra, palavra, palavra, palavra, palavra, palavra, palavra, palavra, palavra, palavra, palavra, palavra, palavra, palavra não diz nada, é só letra e som.

Adriana Falcão. *Pequeno dicionário de palavras ao vento*.
São Paulo: Planeta, 2003.

Por dentro do texto

1) De acordo com o texto, poetas definem a palavra de um modo e gramáticos, de outro. Qual é essa diferença?

___

2) Releia a classificação apresentada no início do texto. O que você sabe sobre ela?

___

13

3 A definição das palavras dadas pela autora corresponde à definição do dicionário? Que tipo de explicação das palavras a autora faz?

_____
_____

4 Leia a história em quadrinhos ao lado.

- Releia agora este trecho do texto "Palavra" e explique que relação é possível estabelecer entre ele e a história em quadrinhos.

> "As palavras têm corpo e alma mas são diferentes das pessoas em vários pontos. As palavras dizem o que querem, está dito e pronto. As palavras são sinceras, as segundas intenções são sempre das pessoas."

_____
_____
_____
_____
_____

a) Por que o texto considera **microscópio**, **minúsculo**, **molécula**, **partícula**, **quinhão**, **grão** e **covardia** palavras pequenas?

_____
_____
_____

b) Por que afirma que **shazam**, **abracadabra**, **pirlimpimpim**, **sim** e **não** são palavras mágicas?

_____
_____
_____
_____

c) Por que associa **enigma**, **trigonometria**, **adolescente** e **casal** a palavras complicadas?

_____
_____
_____

d) Por que relaciona as palavras **eu**, **um**, **apenas**, **sertão** a palavras sozinhas?

_____
_____

5 No texto, a palavra **madrugada** é considerada bonita. Escreva como você considera as seguintes palavras.

a) bonita _____   d) estranha _____

b) fria _____   e) triste _____

c) quente _____   f) mágica _____

Texto e construção

1 No texto há uma série de repetições de palavras e expressões. Releia.

> "**Existem palavras** doces, goiabada, _marshmallow_, quindim, bombom. **Existem palavras** que andam, automóvel. **Existem palavras** imóveis, montanha. **Existem palavras** cariocas, Corcovado. **Existem palavras** completas, elas todas. Toda palavra tem a cara do seu significado."

a) A frequência da expressão **Existem palavras** prejudicou o estilo do texto?

_____
_____

b) Identifique a rima empregada nesse trecho do verbete.

_____
_____

c) É possível considerar esse texto um verbete poético? Justifique sua resposta.

_____
_____
_____

REFLEXÃO SOBRE O USO DA LÍNGUA

Estrutura das palavras: lexemas e morfemas

1 Procure no dicionário o significado das palavras do quadro abaixo e anote-os a seguir.

retardar   rede   receita   reimprimir   reeducar   reavaliar

_____
_____
_____
_____
_____
_____

2 Como você pôde perceber, algumas palavras da língua portuguesa são formadas pelo prefixo **re-**, que significa "de novo".
Mas o **re** nem sempre é prefixo. Sabendo disso, anote apenas as palavras do quadro acima em que o **re-** significa "de novo".

_____
_____
_____

Importante saber

As palavras se dividem em **lexemas** e **morfemas**. O lexema dá o significado à palavra. Com ele, formam-se novos vocábulos. Veja o exemplo.

Lembr-   lembr**ar**, lembr**ança**, **re**lembr**ar**

lexema   morfema

O que se acrescenta aos lexemas para formar palavras é chamado de morfema.
Os morfemas se classificam da seguinte maneira.

- Morfemas de gênero: indicam masculino ou feminino.
- Morfemas de número: indicam singular ou plural.
- Prefixos: aparecem antes do lexema.
- Sufixos: aparecem depois do lexema.
- Terminações verbais: indicam pessoa, número, tempo e modo.

Aplicando conhecimentos

1 Identifique os morfemas das palavras a seguir.

a) certeza

___

b) descobri

___

c) completamente

___

d) recomeça

___

2 Forme novas palavras com os morfemas do quadro a seguir.

| idade | ista | in | izar | des | ação | aria |

___

___

3 Conheça outras definições de Adriana Falcão, autora do texto poético que você leu.

> **recomendação:** frase típica de mãe que geralmente é repetida mil vezes.
> **recordação:** quando um pedacinho do passado volta ainda mais enfeitado.
> **resumir:** ato de desenfeitar o que é essencial.
> **retrospectiva:** tudo de novo, meu Deus, tomara que tenha sido bom.
>
> Adriana Falcão. *Pequeno dicionário de palavras ao vento.* São Paulo: Planeta, 2003.

Assinale a alternativa correta.

a) A explicação dada para cada palavra:

[ ] É semelhante à que encontramos para essas palavras no dicionário.

[ ] Corresponde a um jeito poético e original de explicá-las.

b) Nas palavras acima.

[ ] O **re** é prefixo e significa "de novo".

[ ] O **re** não é prefixo. Se retirarmos o "re" dessas palavras, elas se tornarão apenas pedaços de palavras.

4. Indique os sufixos e o significado deles nas palavras a seguir, retiradas do texto.

a) partícula: _____

b) goiabada: _____

• Para cada palavra anterior, escreva outra com o mesmo lexema.

_____

5. Leia as palavras a seguir, retiradas do verbete poético.

anticonstitucional – imóvel – desdiz

a) Assinale o que os prefixos em destaque indicam nas palavras a seguir:

• anticonstitucional

[ ] posição superior   [ ] oposição   [ ] negação   [ ] companhia

• imóvel

[ ] posição superior   [ ] oposição   [ ] negação   [ ] companhia

• desdiz

[ ] posição superior   [ ] oposição   [ ] negação   [ ] companhia

b) Com base na observação dos prefixos destacados, dê o significado das palavras.

• **anti**constitucional:_____

• **i**móvel: _____

• **des**diz: _____

6. Forme palavras com os prefixos do quadro, observando o significado deles.

BI	ANTI	HIPER	EX
duplicidade	oposição	excesso	movimento para fora

a) _____portação
b) _____ativo
c) _____bacteriano
d) _____lateral

e) _____biótico
f) _____nóculo
g) _____mercado
h) _____aderente

i) _____campeão
j) _____tensão
k) _____por
l) _____cluir

18

PRÁTICA DE LEITURA

Texto 2 – Novela (fragmento)

O próximo texto conta sobre a infância de um menino da roça que, ao fazer novas descobertas, tem a possibilidade de ampliar o seu olhar. Com uma linguagem bastante peculiar, o autor constrói uma teia de narrativas, de casos, de histórias do Campo Geral e dos boiadeiros.

A personagem principal da trama é Miguilim, um menino do interior de Minas Gerais, sem instrução escolar, mas cheio de imaginação, pois o seu cotidiano na fazenda é repleto de histórias fantásticas.

Campo Geral

[...] Depois, de dia em dia, e Miguilim já conseguia de caminhar direito, sem acabar cansando. Já sentia o tempero bom da comida; a Rosa fazia para ele todos os doces, de mamão, laranja-da-terra em calda de rapadura, geleia de mocotó. Miguilim, por si, passeava. Descia maneiro à estrada do Tipá, via o capim dar flor. Um qualquer dia ia pedir para ir até na Vereda, visitar seo Aristeu. Zerró e Seu-Nome corriam adiante e voltavam. Brincando de rastrear o incerto. Um gavião gritava empinho, perto.

De repente lá vinha um homem a cavalo. Eram dois. Um senhor de fora, o claro da roupa. Miguilim saudou, pedindo a bênção. O homem trouxe o cavalo cá bem junto. Ele era de óculos, corado, alto, com um chapéu diferente, mesmo.

– Deus te abençoe, pequenino. Como é teu nome?

– Miguilim. Eu sou o irmão do Dito.

– E seu irmão Dito é o dono daqui?

– Não, meu senhor. O Ditinho está em glória.

O homem esbarrava o avanço do cavalo, que era zelado, manteúdo, formoso como nenhum outro. Redizia:

– Ah, não sabia, não. Deus o tenha em sua guarda... Mas, que é que há, Miguilim?

Miguilim queria ver se o homem estava mesmo sorrindo para ele, por isso é que o encarava.

– Por que você aperta os olhos assim? Você não é limpo de vista? Vamos até lá. Quem é que está em tua casa?

– É mãe e os meninos...

Estava Mãe, Tio Terêz, estavam todos. O senhor alto e claro se apeou. O outro, que vinha com ele, era um camarada. O senhor perguntava à Mãe muitas coisas do Miguilim. Depois perguntava a ele mesmo: – "Miguilim, espia daí: quantos dedos da minha mão você está enxergando? E agora?"

Miguilim espremia os olhos. Drelina e Chica riam. Tomezinho tinha ido se esconder.

– Este nosso rapazinho tem a vista curta. Espera aí, Miguilim...

E o senhor tirava os óculos e punha-os em Miguilim, com todo o jeito.

– Olha agora!

Miguilim olhou. Nem não podia acreditar! Tudo era uma claridade, tudo novo e lindo e diferente, as coisas, as árvores, as caras das pessoas. Via os grãozinhos de areia, a pele da terra, as pedrinhas menores, as formiguinhas passeando no chão de uma distância. E tonteava. Aqui, ali, meu Deus, tanta coisa, tudo... O senhor tinha retirado dele os óculos, e Miguilim ainda apontava, falava, contava tudo como era, como tinha visto. Mãe esteve assim assustada; mas o senhor dizia que aquilo era do modo mesmo, só que Miguilim carecia de usar óculos, dali por diante. O senhor bebia café com eles. Era o doutor José Lourenço, do Curvelo. Tudo podia. Coração de Miguilim batia descompasso, ele careceu de ir lá dentro, contar à Rosa, à Maria Pretinha, à Maitina. A Chica veio correndo atrás, mexeu: – "Miguilim, você é piticego..." E ele respondeu: – "Donazinha..."

Quando voltou, o doutor José Lourenço já tinha ido embora.

– Você está triste, Miguilim? – Mãe perguntou.

Miguilim não sabia. Todos eram maiores do que ele, as coisas reviravam sempre dum modo tão diferente, eram grandes demais.

– Pra onde ele foi?

– A foi pra a Vereda do Tipá, onde os caçadores estão. Mas amanhã ele volta, de manhã, antes de ir s'embora para a cidade. Disse que, você querendo, Miguilim, ele junto te leva... – O doutor era homem muito bom, levava o Miguilim, lá ele comprava uns óculos pequenos, entrava para a escola, depois aprendia ofício. – "Você mesmo quer ir?"

Miguilim não sabia. Fazia peso para não soluçar. Sua alma, até no fundo, se esfriava. Mas Mãe disse:

– Vai, meu filho. É a luz dos teus olhos, que só Deus teve poder para te dar. Fim do ano, a gente puder, faz a viagem também. Um dia todos se encontram... [...]

Guimarães Rosa. *Manuelzão e Miguilim*. Rio de Janeiro: J. Olympio, 1978.

Por dentro do texto

1 Como podemos observar no texto, Miguilim tinha problemas de visão. Será que ele percebia esse problema? Justifique a sua resposta.

_____
_____

2 Quando Miguilim coloca os óculos, ele passa a observar o mundo de uma forma diferente. Como esse fato ajuda a mudar a vida dele?

_____
_____

3 Podemos afirmar que Miguilim redescobre o mundo com seu novo modo de ver. Pensando sobre o que você já sabe sobre metáfora e linguagem figurada, que outros sentidos podemos dar à ação de enxergar?

_____
_____

Texto e construção

1 Releia este trecho do texto.

> "– Deus te abençoe, pequenino. Como é teu nome?
>
> – Miguilim. Eu sou o irmão do Dito.
>
> – E seu irmão Dito é o dono daqui?
>
> – Não, meu senhor. O Ditinho está em glória.
>
> O homem esbarrava o avanço do cavalo, que era **zelado**, manteúdo, formoso como nenhum outro. **Redizia**:
>
> – Ah, não sabia, não. Deus o tenha em sua guarda... Mas, que é que há, Miguilim?"

a) As palavras em destaque no texto podem ser encontradas no dicionário?

_____

b) Guimarães Rosa, escritor da novela, distingue-se entre os autores brasileiros especialmente por recuperar em sua obra o falar próprio do homem do sertão. Algumas vezes, o retratar da fala do sertanejo enfoca a criação de palavras. Neste contexto, o que pode significar cavalo zelado ou redizer?

_____
_____
_____

21

2 Releia outro trecho.

> "Mas amanhá ele volta, de manhá, antes de ir s'embora para a cidade. Disse que, você querendo, Miguilim, ele junto te leva... – O doutor era homem muito bom, levava o Miguilim, lá ele comprava uns óculos pequenos, entrava para a escola, depois aprendia ofício. – 'Você mesmo quer ir?'"

a) Esse trecho selecionado apresenta outra característica própria de Guimarães: frases e expressões organizadas de modo diferente daquele que se costuma encontrar na maioria dos textos. Identifique essas frases e expressões.

_____

b) Que características chamaram a sua atenção na maneira como Guimarães Rosa utiliza a escrita e constrói o seu texto? Justifique.

_____
_____

Importante saber

Uma das características da linguagem de Guimarães Rosa é o uso de **neologismos**, ou seja, palavras ou expressões criadas ou recriadas pelo próprio autor.

Uma maneira possível de atribuir um significado para esses termos é observar sua construção, que geralmente tem relação com uma palavra já existente na língua portuguesa.

- Que palavras serviram de base para que Guimarães Rosa criasse os termos **redizia** e **zelado**?

_____

DE OLHO NA ESCRITA

Polissemia

1 Releia este trecho retirado do texto.

> "Miguilim não sabia. Fazia **peso** para não soluçar. Sua alma, até no fundo, se esfriava."

a) Nas frases a seguir, a palavra **peso** foi empregada com o mesmo sentido da expressão em destaque? Justifique sua resposta.

   I. Colocou um **peso** em cima dos papéis para que não voassem.

   II. Ele lutava na categoria **peso** pesado e ganhava quase todas as lutas.

_____
_____

b) Escolha no quadro abaixo a palavra a que o termo **peso**, empregado no texto, corresponde.

tudo   força   problema

___

> **Importante saber**
>
> Muitas palavras da língua portuguesa apresentam mais de um significado. É por isso que só é possível compreender o sentido delas na situação de comunicação em que estão sendo empregadas. Damos o nome de **polissemia** à variedade de sentidos que uma palavra pode ter.

Aplicando conhecimentos

1 Leia esta história em quadrinhos.

HAGAR - Dik Browne

— OLÁ! SOU O IRMÃO OLAF!
— VIM ILUMINAR A ALMA DE VOCÊS!
— HAGAR! TEM UM SUJEITO AQUI VENDENDO VELAS!

Folha de S.Paulo, 6 jun. 2005.

a) Que palavra do texto apresenta mais de uma possibilidade de significado?

___

b) A personagem da história compreendeu a fala do Irmão Olaf de maneira adequada? Identifique a palavra responsável pela confusão de sentido.

___

c) O recurso da polissemia contribuiu para causar humor no texto? Explique sua resposta.

___

2 Leia mais uma história em quadrinhos.

SURIÁ — Laerte

> PIADA DE COBRA
>
> — Engoli uma pilha...
> — Agora, não consigo parar de sacudir o chocalho!
> — Também engoli uma pilha... uma pilha de livros!
> — ...Agora, não consigo parar de ter ideias!

Folha de S.Paulo, 10 abr. 2004.

a) Explique a polissemia da história considerando a relação que a palavra **pilha** apresenta com chocalho, ideias e livros na história em quadrinhos.

_____

b) Explique a relação entre o título do texto e o fato de ele apresentar polissemia.

_____

3 Crie duas frases para cada palavra a seguir de modo a demonstrar a polissemia destes termos.

coberta   banco   cortar   terra   desarmar

_____
_____
_____
_____
_____
_____

PRÁTICA DE LEITURA

Texto 3 – Prefácio de livro

Antes de ler

O texto a seguir é o prefácio do livro *Codinome Duda*. Nele, o autor Marcelo Carneiro apresenta o livro ao leitor, dando-lhe algumas explicações sobre as opções que fez para registrar a fala das personagens na história.

Prefácio de *Codinome Duda*

Contar a história do Duda foi legal pra mim, porque tem esse jeito dele, de guri, de contar tudo assim, rápido, bem *videogame* mesmo. Também foi um pouco difícil, porque existe o lance da linguagem – vocês sabem, da diferença que muitas vezes existe entre a forma que a gramática diz que é correta (que também chamam de linguagem culta), e o jeito que a gente usa para falar. Assim, como quando a gente fala "Tu foi?" e devia escrever "Tu foste?". Mas como eu queria escrever de um jeito que fosse a cara do Duda, preferi manter a linguagem bem parecida com o jeito que ele fala. Pode não ser lá como a gramática manda. Mas saber a gramática é uma coisa, e eu acho que é superimportante. Contar histórias é outra. Às vezes elas se juntam sem problemas. Às vezes não. Espero que todos curtam. Ou melhor: gostem.

Marcelo Carneiro da Cunha. *Codinome Duda* (Prefácio). Porto Alegre: Projeto, 1992.

Marcelo Carneiro da Cunha

Por dentro do texto

1. Qual é a sensação que o autor revela sobre o fato de contar a história do Duda?

2. Qual decisão o autor achou um pouco difícil de tomar quando escreveu o livro?

3 Que conflito o autor apresenta sobre a produção do livro? Esse conflito sempre se resolve?

_____
_____
_____

4 E você, o que pensa sobre o fato de a linguagem literária representar a língua oral?

_____
_____

Texto e construção

1 Qual é a intenção de quem produziu esse texto?

_____

2 Em sua opinião, é importante o autor de um livro fazer considerações sobre a obra antes de contar a história? Por quê?

_____
_____

3 Que palavras do texto revelam que o autor está escrevendo sobre uma experiência que já realizou?

_____

4 Em que momento do prefácio o autor demonstra suas expectativas em relação à avaliação que o leitor fará da obra? Transcreva o trecho que confirma sua resposta.

_____
_____

> **Importante saber**
>
> O **prefácio** é a apresentação de um livro. Ele pode conter os elementos descritos a seguir.
> - Explicações relacionadas ao conteúdo da obra.
> - Dados sobre o autor do livro e seu ofício.
> - Explicações sobre a escolha de um dado gênero textual e sobre outras opções para desenvolver o trabalho.
> - Apresentação dos motivos que levaram o autor a escrever o livro.
>
> No prefácio, o autor em geral procura uma aproximação com o leitor, demonstrando suas expectativas de aceitação da obra.
>
> A linguagem empregada nesse gênero de texto pode ser formal ou informal. Há prefácios que são escritos por outra pessoa que não o autor do livro. Eles geralmente apontam as qualidades da obra, como forma de persuadir o leitor a lê-la.

5 O texto lido apresenta algumas gírias. Identifique-as.
_____

6 Por que o autor preferiu usar gírias e uma linguagem informal no texto e no prefácio?
_____
_____

- Você conhece outros livros em que isso acontece?
_____
_____

DE OLHO NA ESCRITA

Emprego dos sufixos -es/-esa e -ez/-eza

1 No volume anterior, nesta seção, apresentou-se a seguinte regra.

> **Lembre-se**
> Emprega-se a letra "s" nos sufixos **-es** e **-esa** que indicam título de nobreza, profissão ou origem. Exemplos: marquês/marquesa, camponês/camponesa, português/portuguesa.

- Também há palavras terminadas com os sufixos **-ez** e **-eza**, o que pode causar dúvidas ao usar "s" ou "z" na escrita desses sufixos. Assim, além da regra anterior, conheça outra, analisando a dupla de palavras abaixo e respondendo às questões:

sensato – sensatez   belo – beleza

a) As palavras grafadas em verde são substantivos ou adjetivos?
_____

b) E as palavras em roxo são substantivos ou adjetivos?
_____

c) Que palavras são formadas com os sufixos **-ez** e **-eza**?
_____

> **Importante saber**
> Emprega-se a letra "z" nos sufixos **-ez** e **-eza,** empregados na formação de **substantivos abstratos** derivados de adjetivos.
> Veja alguns exemplos:
> honrado – honrad**ez**; claro – clar**eza**.

1. Forme substantivos a partir dos adjetivos a seguir.

a) fraco: _____
b) árido: _____
c) ácido: _____
d) estúpido: _____
e) pequeno: _____
f) rico: _____
g) altivo: _____
h) forte: _____
i) magro: _____

- Entre as palavras formadas, quantas são substantivos abstratos?
_____

- Justifique o uso de "z" ou "s" nos sufixos que formaram as palavras do exercício anterior.
_____
_____

2. Complete as palavras com "z" ou "s". Em seguida, marque (1) para palavras que indicam título de nobreza, (2) para as que indicam profissão, (3) para as que indicam origem e (4) para nenhuma das anteriores.

a) inglê____a ☐
b) atra____o ☐
c) barone____a ☐
d) sacerdoti____a ☐
e) chine____a ☐
f) anali____a ☐
g) poeti____a ☐
h) escocê____a ☐
i) duque____a ☐
j) prince____a ☐
k) noruegue____a ☐
l) consule____a ☐

- Que itens anteriores contêm palavras que se encaixam na regra: Emprega-se a letra "s" nos sufixos -es e -esa que indicam título de nobreza, profissão ou origem?
_____

PRODUÇÃO DE TEXTO

PRIMEIRA SUGESTÃO

Que tal conquistar um leitor para um livro que você tenha lido e apreciado muito?

Escreva um prefácio para esse livro. No texto do prefácio, faça referência à história, ao seu autor, ao valor da obra escolhida. Em seguida, junte o prefácio ao livro e coloque-o num envelope com um bilhete que incentive alguém a ler o livro escolhido por você.

SEGUNDA SUGESTÃO

Outra sugestão é que você escreva um prefácio para a história de Miguilim. Faça referência à história, ao seu autor, ao trabalho de Guimarães Rosa com as palavras. Em seguida, coloque-o num envelope com um bilhete que incentive alguém a ler o livro completo.

PLANEJE SEU TEXTO

Responda a cada um dos itens do quadro como modo de planejamento. Amplie o número de itens, se precisar. Verifique se cumpriu o planejado na hora de avaliar o texto.

PARA ESCREVER O PREFÁCIO DO LIVRO	
1. Qual é o público leitor do texto?	
2. Que linguagem vou empregar?	
3. Qual é a estrutura que o texto vai ter?	
4. Onde o texto vai circular?	

ORIENTAÇÕES PARA A PRODUÇÃO

1. Se você escolheu a primeira sugestão, releia a obra que será referenciada no prefácio. Faça anotações sobre os aspectos dela que você julgar importante mencionar no prefácio. Pesquise mais dados sobre o contexto da obra e o autor.

2. No caso de ter escolhido a segunda sugestão, para que você tenha mais condições de escrever o prefácio, pesquise, com a ajuda de seu professor, os termos desconhecidos e as expressões regionais do texto de Guimarães e anote-os no caderno. Alguns deles poderão ser mencionados no texto para exemplificar o uso que esse escritor faz das palavras. Lembre-se de que o prefácio que vai escrever é sobre uma obra de um dos maiores escritores brasileiros. Por isso, seria interessante pesquisar mais dados sobre ele e também sobre a obra.

3. Verifique se a linguagem que usará será mais formal ou mais informal.

4. Para causar impacto em seu leitor, você poderá pesquisar alguns trechos interessantes da obra e usar um deles em seu prefácio, integrando o sentido dele ao que está buscando comunicar. Lembre-se de que, quando você usa um texto ou expressão de outra pessoa, eles devem vir entre aspas.

5. No prefácio você poderá mencionar:
   - informações sobre a história narrada em "Campo Geral";
   - informações sobre as características do autor e a sua maneira de escrever;
   - as impressões que a obra provoca nos leitores;
   - um elogio à obra.

6. Junto com o prefácio e a obra, você deverá escrever um bilhete explicando a intenção da entrega desses materiais. Lembre-se de que o bilhete é um texto breve, que contém o nome do destinatário, as informações essenciais e a sua assinatura. Seria interessante preencher um envelope, como em cartas, e colocar o prefácio e o bilhete dentro dele.

7. No seu bilhete, não se esqueça de mencionar o nome do livro e do autor.

8. Caso você não tenha a obra para entregar junto com o prefácio e o bilhete, coloque no envelope alguma ilustração sobre a obra ou suas personagens: pode ser desenho, colagem, xilogravura etc. Nesse caso, escreva também a referência completa da obra, de uma edição mais atual, para que a pessoa possa procurá-la. Veja um exemplo:

   Guimarães Rosa. *Manuelzão e Miguilim*. 9. ed. Rio de Janeiro: Nova Fronteira, 2001.

AVALIAÇÃO E REESCRITA

Depois de terminar a produção, avalie:

1. Se você fosse um leitor, teria interesse em ler a obra por causa do prefácio produzido?
2. O prefácio contém as informações principais sobre a obra?
3. De que maneira o texto está organizado? Fez parágrafos? Usou letra maiúscula?
4. Usou uma linguagem adequada ao leitor que pretende atingir? Para quem escreveu: um adulto? Um adolescente? Um amigo íntimo? Um profissional da escola? Um colega de outra turma?
5. O texto está claro? A pontuação das frases ajuda o leitor a compreender melhor o texto?
6. Quando terminar de avaliar o texto, passe o prefácio a limpo e elabore o bilhete que o acompanhará.
7. Dentre as pessoas que você conhece, escolha alguém que goste de histórias e entregue o prefácio a essa pessoa depois de avaliá-lo e reescrevê-lo.

LEIA MAIS

Neste capítulo, você leu um texto de Guimarães Rosa. Faça uma pesquisa e procure informações a respeito de grupos de teatro, de cultura popular que realizam encenações da obra de Guimarães. Você perceberá o alcance da obra desse grande escritor. Entre os materiais lidos selecione um dos textos para imprimir e levar para a sala de aula. Troque informações com os colegas que fizeram a mesma busca que você.

PREPARANDO-SE PARA O PRÓXIMO CAPÍTULO

Você vai dizer como vê o período da adolescência. Para isso, escreva um pequeno texto em prosa, ou poema; ou, então, faça um desenho.

Em resumo, responda de forma criativa à pergunta: o que é ser adolescente?

Depois, aguarde. Você terá muitas oportunidades de conversar sobre esse assunto com seus colegas.

Capítulo 2 — APRENDIZ

PRÁTICA DE LEITURA

Texto 1 – Poema

Antes de ler

- Em sua opinião, os jovens de hoje acreditam em nosso país? Eles atuam de maneira consciente para mudar aquilo de que discordam?

O próximo poema foi escrito por Cora Coralina. Descubra o que ela quis dizer ao dirigir-se ao jovem.

Mascarados

Saiu o Semeador a semear
Semeou o dia todo
e a noite o apanhou ainda
com as mãos cheias de sementes.

Ele semeava tranquilo
sem pensar na colheita
porque muito tinha colhido
do que outros semearam.

Jovem, seja você esse semeador
Semeia com otimismo
Semeia com idealismo
as sementes vivas
da Paz e da Justiça.

Cora Coralina. *Folha de S.Paulo*, 4 jun. 2001. Folha Ilustrada.

31

Por dentro do texto

1. O poema de Cora Coralina apresenta uma ação que aparece em todo o texto. Que ação é essa?

_____

2. O poema foi dividido em três estrofes. Escolha no quadro abaixo as palavras ou expressões correspondentes a cada estrofe, e escreva-as abaixo de cada estrofe.

ação	esperança	trabalho
obra inacabada	senso de coletividade	perseverança

1ª estrofe

Saiu o Semeador a semear
Semeou o dia todo
e a noite o apanhou ainda
com as mãos cheias de sementes.

_____
_____

2ª estrofe

Ele semeava tranquilo
sem pensar na colheita
porque muito tinha colhido
do que outros semearam.

_____
_____

3ª estrofe

Jovem, seja você esse semeador
Semeia com otimismo
Semeia com idealismo
as sementes vivas
da Paz e da Justiça.

_____
_____

32

3 Releia estes versos.

> "[...] e a **noite** o apanhou ainda com as mãos cheias de sementes."

- Entendidos em sentido literal, os versos querem dizer que o semeador ainda não tinha terminado o seu trabalho quando a noite chegou. É possível ampliar o significado da ação de **semear**, ou seja, é possível semear outras coisas além de sementes?

_____
_____

4 E você, acha importante semear, mesmo sem a certeza de colher os frutos de suas próprias sementes? Comente sua resposta.

_____
_____
_____
_____

REFLEXÃO SOBRE O USO DA LÍNGUA

Modos verbais

1 No poema de Cora Coralina, sublinhe todos os verbos de ação.

2 Transcreva os verbos que estão no passado.

_____

3 Quais desses verbos no passado indicam ações que já terminaram, que já estão acabadas?

_____

4 Leia o verso.

> "Saiu o semeador **a semear**."

a) A expressão em destaque indica que a ação já foi terminada ou ainda não acabou?

_____

b) Que palavra a seguir pode substituir a expressão em destaque no verso? Semeado, semeando ou semeou?

33

5 Releia agora os próximos trechos.

Trecho 1

"Jovem, seja você esse semeador
Semeia com otimismo
Semeia com idealismo
as sementes vivas
da Paz e da Justiça."

Trecho 2

Todos os dias Maria **semeia** na horta.

- Assinale as afirmações corretas sobre os verbos destacados nos trechos 1 e 2.

☐ Nos dois trechos, os verbos indicam que a ação está no passado.

☐ Nos dois trechos, as ações estão no presente. Elas indicam que os jovens já semearam muito e Maria também.

☐ O verbo **semeia**, no trecho 1, indica um conselho. Já no trecho 2 indica que Maria tem o hábito de semear na horta.

☐ Nos dois trechos, os verbos indicam que o ato de semear acontece todos os dias.

6 Observe o emprego dos verbos para compreender melhor como a autora construiu o sentido do texto. Agora, copie os versos do poema que representem as ações pedidas a seguir.

a) Versos que revelam ações importantes do semeador.

_____
_____

b) Versos em que o semeador é perseverante, que dá continuidade á ação de semear.

_____
_____

c) Versos em que o eu poético dá um conselho ao jovem que só se realizará se o outro fizer aquilo que ele solicita.

_____
_____

Importante saber

Para a construção de sentido em um texto, não importa apenas o **tempo** em que o verbo está: presente, pretérito ou futuro. Também importa o **modo** do verbo.

Quando o verbo indica a certeza de uma ação, seja ela no presente, no pretérito ou no futuro, dizemos que o verbo está no modo **indicativo**. Quando o verbo traz a ideia de conselho, pedido ou ordem, dizemos que ele está no modo **imperativo**.

Para ampliar seus conhecimentos, conheça a conjugação do verbo **semear** nos modos indicativo e imperativo.

MODO INDICATIVO						
	Presente	Pretérito perfeito	Pretérito imperfeito	Pretérito mais--que-perfeito	Futuro do presente	Futuro do pretérito
eu	semeio	semeei	semeava	semeara	semearei	semearia
tu	semeias	semeaste	semeavas	semearas	semearás	semearias
ele/ela	semeia	semeou	semeava	semeara	semeará	semearia
nós	semeamos	semeamos	semeávamos	semeáramos	semearemos	semearíamos
vós	semeais	semeastes	semeáveis	semeáreis	semeareis	semearíeis
eles/elas	semeiam	semearam	semeavam	semearam	semearão	semeariam

MODO IMPERATIVO	
Afirmativo	Negativo
semeia tu	não semeies tu
semeie você	não semeie você
semeemos nós	não semeemos nós
semeai vós	não semeeis vós
semeiem vocês	não semeiem vocês
eles/elas	semeiam

Aplicando conhecimentos

1 Vamos pensar sobre o sentido das palavras **indicativo** e **imperativo**. Leia duas situações de comunicação diferentes e responda às questões.

Situação 1: Um imperador falando com seu súdito.

Situação 2: Uma amiga fala à outra amiga.

a) Qual dessas situações representa melhor um verbo no modo imperativo? E no modo indicativo?

_____

b) Para darmos a ideia de certeza, usamos o verbo em determinado modo verbal. Você acha que a garota utilizou o modo adequado para expressar certeza? Explique sua resposta.

_____

2 Os verbos do poema "Mascarados" que estão no modo imperativo expressam: ordem, conselho, certeza, pedido ou incerteza?

_____

3 Os verbos usados no imperativo foram importantes para a construção do sentido da mensagem apresentada no poema? Por quê?

_____

_____

4 O texto a seguir trata os conflitos adolescentes de maneira bem-humorada. Leia-o.

Bronquinhas e protestos em família

— Para de ficar horas pendurada nesse telefone! Dá uma chance para os outros!

— Dá para diminuir o som?

— Na sua idade eu era estudioso, disciplinado, bem-educado e nunca levantava a voz com o meu pai...

— Você ainda não tem idade para isso!

— Desta vez você passou dos limites!

— Chega de invadir todos os espaços com suas coisas! A casa não é só sua!

— Para de bisbilhotar minhas coisas!

— Toda hora estão mandando eu fazer alguma coisa. Não tenho um minuto de sossego.

— Ele nunca escuta o que eu falo, está sempre lendo o jornal.

— Toda vez que eu quero sair vocês fazem mil perguntas... não vejo a hora de ser independente!

— Você quis o gato e agora quer que eu cuide dele!

— Mãe, você vive prometendo... mas cumprir que é bom...

— Juro que eu sei que as notas são ruins... mas não quero ouvir tudo de novo!

Liliana Iacocca e Michele Iacocca. *O livro do adolescente*. São Paulo: Ática, 2005.

- O que as frases apresentadas revelam sobre os conflitos entre pais e filhos?
___
___

5 Transcreva do texto uma frase que corresponda às seguintes atitudes.

a) Uma cobrança.
___
___

b) Uma reclamação.
___
___

c) A exposição de um exemplo de comportamento.
___
___

6 Que frase apresentada no texto indica uma proibição?
___
___

7 Releia este trecho do texto.

> "– Para de ficar horas pendurada nesse telefone! Dá uma chance para os outros!"

- Que outra frase do texto usa o verbo no imperativo para fazer um protesto?
___

8 Imagine-se no lugar de um pai ou de uma mãe e escreva frases dirigidas a um filho ou filha usando o modo imperativo. Considere as seguintes situações.

- Solicitar algo.
___

- Dar um conselho.
___

- Dar uma ordem.
___

37

9 Nas atividades anteriores, você estudou o modo imperativo. Para revê-lo, preencha a tabela de conjugações desse modo verbal com o que falta nela. O verbo agora é "falar".

MODO IMPERATIVO – VERBO FALAR	
Afirmativo	Negativo

10 Crie duas frases que expressem um conselho e uma palavra de ordem ao adolescente de hoje. Em uma delas empregue o imperativo afirmativo e na outra o imperativo negativo.

_____
_____
_____

PRÁTICA DE LEITURA

Texto 2 – Poema

Antes de ler

1. O primeiro verso do próximo poema é: "A vida é tão bela que chega a dar medo". O que você imagina que o eu poético quis dizer com essa declaração?

2. Você considera comum o fato de ter medo? Quais são os seus medos?

O adolescente

A vida é tão bela que chega a dar medo.

Não o medo que paralisa e gela,
estátua **súbita**,
mas

esse medo fascinante e **fremente** de curiosidade que faz
o jovem felino seguir para a frente farejando o vento
ao sair, a primeira vez, da gruta.

Medo que ofusca: luz!

Cumplicemente,
as folhas contam-te um segredo
velho como o mundo:

Adolescente, olha! A vida é nova...
A vida é nova e anda nua
– vestida apenas com teu desejo!

Mário Quintana. *Nariz de vidro*. São Paulo: Moderna, 1984.

Por dentro do texto

1 Releia os versos a seguir.

> "esse medo fascinante e fremente de curiosidade que faz o jovem felino seguir para a frente **farejando o vento ao sair, a primeira vez, da gruta**."

a) O que a palavra **vento** faz você lembrar? E a palavra **gruta**?

_____

b) O que o poeta quis dizer com a expressão em destaque?

_____
_____
_____

2 Há palavras no poema que representam ideias opostas. Veja um exemplo de oposição: a) Descubra outras ideias opostas no poema "Adolescente".

velho – novo.

_____

b) O que essas oposições revelam sobre o sentimento do adolescente?

_____
_____
_____

3 Destaque do texto a frase em que o eu poético faz uma comparação.

_____
_____

- Explique que sentido você atribui aos versos em que se encontra essa comparação.

_____
_____
_____
_____

4 Você já se sentiu como o jovem descrito no poema: com um medo fascinante e fremente, cheio de curiosidade? Fale sobre a sua experiência.

_____
_____
_____

REFLEXÃO SOBRE O USO DA LÍNGUA

Frase e oração

1 No poema "O adolescente" há um verso que corresponde a um alerta: "Adolescente, olha!". Assinale as alternativas a seguir que poderiam substituir a expressão no contexto do poema.

[ ] Adolescente, fala!   [ ] Adolescente, fique atento!   [ ] Adolescente, não!

[ ] Adolescente, nossa!   [ ] Adolescente, atenção!   [ ] Adolescente, fuja!

2 Observe o alerta a seguir, que pode ser usado em várias situações do cotidiano.

Atenção!

a) Você diria que "Atenção!" é uma frase?

[ ] sim   [ ] não

Justifique sua resposta:

_____
_____
_____

b) E os dois alertas a seguir, eles correspondem a frases?

I – Adolescente, fique atento!

II – Adolescente, atenção!

[ ] sim   [ ] não

Importante saber

Frase é todo enunciado que tenha sentido, mesmo que seja formado por uma única palavra. Lembramos que o sentido de uma frase também depende do contexto. Nem sempre é necessário que um enunciado apresente verbo para que a mensagem seja entendida. Chamamos a esses enunciados sem verbo **frases nominais**.

Exemplo: Cuidado, cão bravo.

Quando os enunciados apresentam verbos, são chamados de **frases verbais**.

Exemplo: Tome cuidado, pois aqui há um cão bravo.

A **oração** é todo enunciado que se organiza em torno de um verbo. Portanto, uma frase nominal não pode ser considerada oração.

Aplicando conhecimentos

1. Leia o anúncio seguinte.

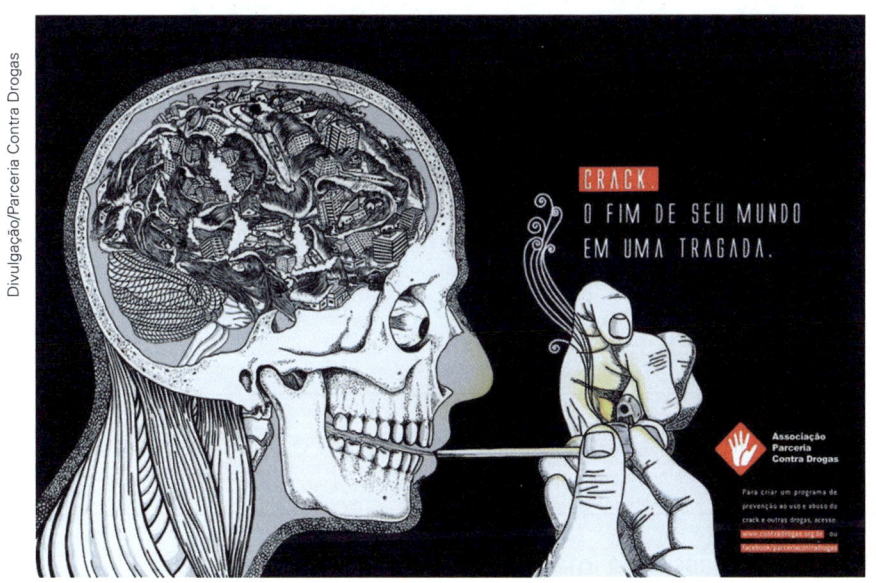

Disponível em: <http://ccsp.com.br/novo/pop_pecas.php?id=38605>. Acesso em: 20 fev. 2012.

a) A frase principal desse anúncio, "Crack, o fim de seu mundo em uma tragada", é verbal ou nominal? Por quê?

___

b) Podemos considerar essa frase uma oração? Explique.

___

c) Reescreva a frase principal do anúncio empregando verbos sem alterar a mensagem.

_____

d) Considerando a campanha do anúncio, escreva uma frase empregando o modo imperativo.

_____

2 Leia outro anúncio, prestando atenção na relação estabelecida entre as palavras e a imagem.

Disponível em: <http://ccsp.com.br/novo/pop_pecas.php?id=34941>.
Acesso em: 20 fev. 2012.

a) Qual é o objetivo desse anúncio?

_____

b) Considerando apenas a imagem, seria possível reconhecer o objetivo do anúncio? Por quê?

_____

c) Que relação há entre as frases e a imagem que compõem o anúncio?

_____

_____

_____

_____

d) No enunciado "Droga é uma armadilha. Você sabe disso. Seu filho não." a frase destacada é nominal ou verbal? Por quê?

___

e) A frase "Converse com ele" também constitui uma oração? Por quê?

___

f) Determine o modo verbal usado nas frases:

- "Droga é uma armadilha".

___

- "Converse com ele".

___

PRÁTICA DE LEITURA

Texto 3 – Romance infantojuvenil (fragmento)

Leia um fragmento do romance *Um bom sujeito*, que conta a história de Reinaldo, um garoto decidido a conquistar Valéria, a garota por quem está apaixonado. Sabendo que ela adora garotos estudiosos, Reinaldo resolve ter aulas de Português com seu amigo Ricardo para chamar a atenção da garota. Confira.

[...] Foram cinco tardes de muito estudo. E Reinaldo tinha um objetivo a atingir. Por isso, tratou de prestar atenção às lições de Ricardo e raciocinar. Resultado: aprendeu direitinho o que queria.

– Hoje, vou dar um show! – garantiu a uma colega, no início da aula, alguns dias depois.

Era só esperar a professora chamá-lo, pensou. Vinte minutos passados, bateu a impaciência. Será que a professora tinha esquecido dele? No quadro-negro, outro menino tinha acabado de grifar os sujeitos das orações que Márcia pedira.

– Parabéns! – a professora cumprimentou os acertos.

Reinaldo levantou a mão. Olhava para a primeira oração escrita no quadro. Ela era:

O time da escola venceu os visitantes por dois a zero.

O sujeito da oração, O time da escola, tinha sido sublinhado.

43

– Só pra confirmar, professora... – Reinaldo esclareceu o motivo do aparte. – Time é o núcleo do sujeito?

– Exatamente – concordou Márcia.

– Eu sabia! – exclamou o garoto, para marcar que sabia mesmo.

Algumas caras de espanto, outras de gozação se viraram para ele. Com o canto do olho, Reinaldo pescou o olhar que lhe interessava. Parece que Valéria tinha gostado da exibição.

Eduardo não gostou nem um pouco. Resolveu se intrometer, falando com a professora.

– Esse negócio de núcleo do sujeito a gente ainda não aprendeu – disse, numa queixa.

Gol contra. Reinaldo aproveitou e continuou o show. Falou de peito cheio para os colegas:

– O núcleo é a palavra central do sujeito. A mais importante de todas que fazem parte do sujeito. No caso, trata-se de time. Time é o elemento principal. O vencedor dos visitantes.

E se voltou para Valéria, lembrando:

– Com a modesta participação dos meus passes para o Chico.

A classe estava de queixo caído. Será que Reinaldo tinha tomado chá de enciclopédia? Até Márcia estava calada. Como todas as atenções continuassem nele, Reinaldo soltou mais um exemplo:

– Naquela outra oração, A professora de Matemática não veio hoje, professora é o núcleo do sujeito. É a palavra que exerce o papel central.

– Como é que dá para garantir isso? – perguntou a Regininha, lá no fundo da classe.

Reinaldo não vacilou:

– Se a gente tirar a palavra professora, a oração fica até sem sentido.

– A... de Matemática não veio hoje – repetiu a Regininha em voz alta.

– Fica sem sentido mesmo! – concordou Valéria.

Amigo de Eduardo, Filipe sussurrou alguma coisa em seu ouvido. O garoto levantou a cabeça. Seus olhos brilharam.

– E você sabe dizer, Reinaldo, se esse sujeito é simples ou composto? – perguntou Eduardo, certo de que colocava o colega contra a parede.

– Quero ver ele sair dessa – comentou Filipe, apertando a mão do amigo.

Muita gente ficou de orelha em pé para escutar a resposta. Márcia ainda não ensinara a classificação do sujeito. Para a maioria da turma, esse assunto não podia ser coisa fácil.

– É sujeito simples – Reinaldo respondeu, superior. – Só tem um núcleo, professora. Aliás, como eu já disse.

Todo mundo se voltou para Márcia, esperando a confirmação.

– Muito bem, Reinaldo! – a professora estava mesmo surpresa. – Continue assim.

A essa altura, o garoto queria mesmo esbanjar.

– Aí no quadro, só tem uma oração com sujeito composto. É: Meu irmão e a prima de Maria foram ao cinema – Reinaldo foi em frente. – Dá licença, Márcia?

Chegou até o quadro, grifando as palavras irmão e prima.

– Estas são palavras principais do sujeito, são seus núcleos. Quando o sujeito de uma oração tem mais de um núcleo, ele é um sujeito composto. Certo, professora?

– Certíssimo!

O sinal tocou. A confusão da saída começou. Reinaldo largou o giz. Foi buscar o material na sua carteira. Antes parou ao lado de Valéria. Respirou fundo.

– Não era má ideia um cineminha hoje à tarde... – convidou.

– Se a minha mãe deixar – a menina sorriu. – Me telefona...

Na volta para casa, Teleco estranhou o silêncio de Eduardo.

– O que é que está acontecendo com você? – quis saber curioso.

– Não dá pra explicar – resmungou Eduardo, carrancudo – Na sua idade, você não vai entender.

A diferença de idade dos dois era pequena. Mas Eduardo a usava, quando queria evitar que Teleco se intrometesse nas suas coisas. O irmão menor ficava bravo:

– Deixa de ser crica...

Eduardo precisava desabafar:

– É a Valéria, você sabe... – falou vagamente.

– Se soubesse não tava perguntando... – retrucou Teleco, impaciente.

Antonio Carlos Olivieri. *Um bom sujeito*. Belo Horizonte: Formato, 1997.

Por dentro do texto

1 As tardes de estudo ajudaram Reinaldo a chamar a atenção de todos os colegas na sala de aula. Eduardo, entretanto, não gostou da exibição de Reinaldo.

a) Que estratégia utilizou para prejudicar a exposição de Reinaldo?

b) Ele atingiu seu objetivo? Justifique.

_____

c) Em sua opinião, por que Eduardo estava tão interessado em prejudicar o colega?

_____

2 Vamos fazer uma revisão do que aprendemos até agora sobre sujeito e tipos de sujeito? Responda às próximas questões.

a) Como Reinaldo definiu núcleo do sujeito aos colegas?

_____

b) Que orações do quadro ele utilizou como exemplos de sua explicação? E qual o núcleo do sujeito em cada uma delas?

_____

_____

3 Como Reinaldo explicou a distinção entre sujeito simples e composto? Que oração do quadro ele utilizou como exemplo de sujeito composto?

_____

_____

REFLEXÃO SOBRE O USO DA LÍNGUA

Tipos de sujeito: revisão

1 No 7º ano, você aprendeu os tipos de sujeito. Como Reinaldo, descobriu a distinção entre sujeito simples e composto. Além disso, pôde aprender também o que vem a ser sujeito desinencial ou oculto e sujeito indeterminado. Vamos rever?

> O sujeito de uma oração pode ser determinado ou indeterminado.
>
> ■ O **sujeito determinado** pode ser identificado nos seguintes casos.
>
> a) Quando está explícito na oração.
>
> É o caso do **sujeito simples**: o que é constituído por um só núcleo. Exemplo:
>
> A **chuva** sacia a sede da terra.
>   ↓
> núcleo
> do sujeito
>
> E do **sujeito composto**: o que é formado por mais de um núcleo. Exemplo:
>
> A **escola** e a **família** devem apoiar campanhas contra o *bullying*.
>   ↓   ↓
> núcleo   núcleo
> do sujeito   do sujeito

b) Quando não está explícito na oração.

É o caso do **sujeito oculto**, **implícito** ou **desinencial**: quando o sujeito não aparece na oração, mas é possível identificá-lo pela terminação do verbo ou pelo contexto. Exemplos:

(**nós**) Criamos um grêmio em nossa escola.

"(**eu**) Tenho certeza de que esses **adolescentes** serão adultos melhores e mais éticos, pois (**eles**) estão aprendendo a conviver com as diferenças e aceitá-las desde cedo."

■ O sujeito indeterminado é aquele que não pode ser identificado na oração nem pelo contexto.

Exemplo:
Entraram na sala de aula e **bagunçaram** o meu material.

2. Sua tarefa agora é criar um trecho que possa fazer parte da história que você acabou de ler.

a) Releia o conceito de sujeito simples, sujeito composto, **sujeito desinencial** e **sujeito indeterminado**. Exemplifique esses conceitos com orações.

b) Suponha que Eduardo tivesse resolvido "dar o troco". Estudou bem o assunto para esbanjar conhecimento nas aulas de português. No caderno, invente uma sequência para a história em que o garoto explica aos colegas a diferença entre **sujeito desinencial** e **sujeito indeterminado**. E não se esqueça de colocar exemplos que justifiquem a explicação de Eduardo. Comece assim:

Dias depois, Eduardo chegou confiante à escola...

Aplicando conhecimentos

1. Leia o poema a seguir, escrito por Eduardo Alves da Costa.

"[...]
Na primeira noite eles se aproximam
e roubam uma flor
do nosso jardim.
E não dizemos nada.
Na segunda noite, já não se escondem;
pisam as flores,
matam nosso cão,
e não dizemos nada.
Até que um dia,
o mais frágil deles

Oswaldo Goeldi. *Carroça de lixo*. c. 1927.
Xilogravura sem numeração, 12,5 cm x 11 cm.
Coleção Marilu Cunha Campos dos Santos.

entra sozinho em nossa casa,
rouba-nos a luz, e,
conhecendo nosso medo,
arranca-nos a voz da garganta.
E já não podemos dizer nada.
[...]"

Eduardo Alves da Costa. *No caminho com Maiakóvsky*. São Paulo: Geração, 2003.

- Para retomar o texto, relacione a segunda coluna com a primeira, observando os versos que contêm as ações sofridas pelo eu poético.

a) O eu poético sofre o furto de uma flor de seu jardim.   ( ) Nos versos 9 a 15
b) As flores de seu jardim são pisadas e o seu cão é morto.   ( ) Nos versos 1 a 4
c) O eu poético tem a luz roubada e a voz da garganta arrancada.   ( ) Nos versos 5 a 8

2 O trecho a seguir apresenta metáforas.

"rouba-nos a luz, e,
conhecendo nosso medo,
arranca-nos a voz da garganta.
E já não podemos dizer nada."

3 Nesse trecho, que o eu poético, ao mesmo tempo em que faz uma crítica social, também sensibiliza e emociona o leitor.

_____
_____
_____

a) A intenção de quem escreveu o texto é a de identificar aqueles que realizaram as ações ou chamar a atenção do leitor para quem as sofreu?

_____
_____
_____

b) A interpretação desse poema pode ser variada, pode se aplicar a diferentes situações da vida. Dê um exemplo de situação do cotidiano relacionada com o que o poema quer criticar.

_____
_____
_____

4 Compare estes trechos do poema.

Trecho 1
Na primeira noite eles se aproximam
e roubam uma flor

Trecho 2
Na segunda noite, já não se escondem;
pisam as flores,
matam nosso cão,
e não dizemos nada.

a) Em qual dos dois trechos há uma identificação explícita do sujeito na frase? Identifique qual é o sujeito.

b) No trecho 2, a que pronome se referem as expressões **já não se escondem** e **não dizemos nada**?

c) Que pronome implícito no texto indica que o leitor também pode ser incluído no problema apresentado?

d) Que tipo de sujeito temos nas orações do trecho 2?

5 Identifique os tipos de sujeito das frases a seguir.

a) Toda a turma do 8º ano vai participar da excursão.

b) As rosas e as hortênsias estão lindas!

c) O posto de saúde do bairro e o hospital devem funcionar no feriado.

d) Você é linda!

e) Pegaram minha mochila!

f) Faz um bolinho delicioso que parece com o da minha avó.

g) Jogo videogame à tarde, depois de fazer minha lição de casa.

49

h) Simplesmente, desarrumaram tudo o que nós havíamos preparado.

6 Preencha a cruzadinha com os sujeitos desinenciais que estão implícitos nas frases em destaque.

a) Toni não fez cerimônia. Chegou, sentou e sentiu-se à vontade.

b) A menina era esperta. Percebeu logo a situação.

c) Não gosto de participar de discussões em que as pessoas desrespeitam a opinião alheia.

d) Não somos mais crianças!

e) Não conte comigo.

f) Podes cantar à vontade!

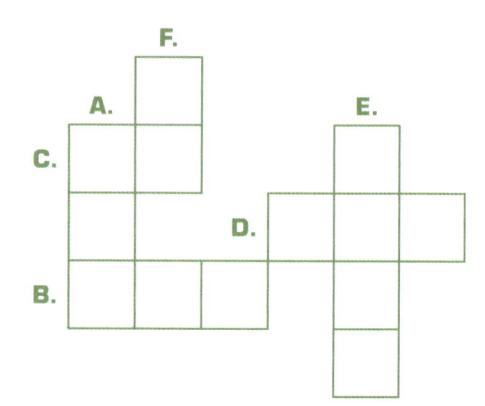

PRÁTICA DE LEITURA

Texto 4 – Poema

Todos nós sentimos medo. Não há idade, origem, religião, raça que nos torne uma pessoa tão corajosa a ponto de não sentirmos medo algum. Por meio da poesia, Carlos Drummond de Andrade retrata os conflitos sociais e os momentos emblemáticos vividos pelos jovens de determinada época.

O poema que você vai ler a seguir trata desse assunto. Ele faz parte do livro de poemas *A rosa do povo*, escrito entre 1943 e 1945, no período em que o mundo enfrentava a Segunda Guerra Mundial e o Brasil era governado pelo regime autoritário e repressor do Estado Novo.

O medo

Em verdade temos medo.
Nascemos escuro.
As existências são poucas:
Carteiro, ditador, soldado.
Nosso destino, incompleto.

E fomos educados para o medo.
Cheiramos flores de medo.
Vestimos panos de medo.
De medo, vermelhos rios
vadeamos.

Somos apenas uns homens
e a natureza traiu-nos.
Há as árvores, as fábricas,

Doenças galopantes, fomes.
Refugiamo-nos no amor,
este célebre sentimento,
e o amor faltou: **chovia,
ventava, fazia frio em
      [São Paulo.
Fazia frio em São Paulo**...
Nevava.
O medo, com sua capa,
nos dissimula e nos **berça**.
[...]

Carlos Drummond de Andrade.
A rosa do povo.
Rio de Janeiro: Record, 1991.

Por dentro do texto

1 Releia os versos da primeira estrofe.

> "Em verdade temos medo.
> Nascemos escuro."

Os versos destacados apresentam uma construção que, aparentemente, tem um erro de concordância: "Nascemos escuro". Essa expressão indica que somos a própria escuridão, ao vivermos com tanto medo.

- Nesse contexto, em que as existências são poucas e o destino imcompleto, a que se restringem as escolhas do eu poético?

___

2 O texto a seguir oferece alguns dados sobre o contexto histórico a que o poema se refere. Leia-o.

Os poemas do livro *A rosa do povo*, ao qual pertence "O medo", que você leu, foram escritos quando o mundo vivia os horrores da Segunda Guerra Mundial, quando Estados Unidos, Inglaterra, Rússia e vários outros países se uniram para combater o nazismo e o fascismo, regimes totalitários e opressores.

Ao mesmo tempo, no Brasil, o presidente Getúlio Vargas instituiu a ditadura do Estado Novo (1937-1945). Nessa época, não havia partidos políticos e o Congresso Nacional foi fechado. Em eleições, claro, nem se falava. Os estados eram governados por interventores nomeados diretamente por Getúlio. A imprensa estava totalmente censurada, ninguém podia criticar o governo. As greves foram proibidas. Os sindicatos, controlados pelo Estado. As prisões ficaram cheias de inimigos do regime.

Segundo o poeta Carlos Drummond de Andrade, o livro *A rosa do povo* é uma tradução daquela época sombria; uma obra que, de certa maneira, reflete um "tempo", não só individual mas coletivo, no país e no mundo

Mario Furley Schmidt. *Nova história crítica*. São Paulo: Nova Geração, 1999.

a) Que relação podemos estabelecer entre o regime autoritário, a opressão da guerra e o verso "E fomos educados para o medo".

___
___
___

b) No poema, o eu poético afirma que os homens, ao se sentirem traídos pela natureza, buscam refúgio no amor.

_____
_____

- Por que em sua opinião o eu poético afirma que "o amor faltou [...]"?

_____
_____
_____

3 Releia este trecho.

> "A imprensa estava totalmente censurada, ninguém podia criticar o governo. As greves foram proibidas. Os sindicatos, controlados pelo Estado. As prisões ficaram cheias de inimigos do regime."

- Qual dos versos a seguir retrata melhor o trecho destacado?

[ ] "nascemos escuro"   [ ] "E fomos educados para o medo."

[ ] "Em verdade temos medo."   [ ] "Nosso destino incompleto."

4 A ditadura de Vargas perseguia os opositores do governo chegando mesmo a silenciá-los com prisões, torturas e morte. Imagine como deveria ser a vida de um adolescente nesse período. Que tipo de medo ele poderia ter?

_____
_____
_____
_____

REFLEXÃO SOBRE O USO DA LÍNGUA

Oração sem sujeito

1 Vamos retomar o primeiro verso do texto: "Em verdade temos medo".

- Que tipo de sujeito encontramos nesse caso?

_____

2 Que estrofe do poema é toda construída com orações em que o sujeito é desinencial? Transcreva-a.

> Refugiamo-nos no amor,
> este célebre sentimento,
> e o amor faltou: **chovia,**
> **ventava, fazia frio em São Paulo.**
>
> **Fazia frio em São Paulo...**
> **Nevava.**
> O medo, com sua capa,
> nos dissimula e nos berça.

_____
_____

3 Retome as seguintes estrofes, prestando atenção nos trechos em destaque.

a) Localize o sujeito nos seguintes casos relacionados abaixo.

- Chovia.
- Ventava.
- Fazia frio em São Paulo.
- Nevava.

_____

b) Em que casos não foi possível identificar o sujeito? Por que você acha que isso aconteceu?

_____
_____

Importante saber

Quando o verbo expressa uma informação que não pode ser atribuída a nenhum ser, dizemos que se trata de um **verbo impessoal**. Nesses casos, temos uma **oração sem sujeito**, formada apenas pelo predicado.

Os seguintes verbos são impessoais e formam oração sem sujeito.

a) Verbos que indicam fenômeno da natureza: **chover**, **ventar**, **nevar**, **trovejar**, **relampejar**, **amanhecer**, **anoitecer** etc. Exemplo: **nevava**.

b) Os verbos **fazer**, **estar**, **haver** e **ser** nas orações que se relacionam com expressões de tempo ou fenômeno natural. Exemplos:

Fazia frio em São Paulo.
Faz tempo que não o vejo.
Há muitos anos não viajo.
Era tarde.
São três horas da tarde.

c) Verbo **haver**, quando exprime acontecimento ou existência. Exemplos:

Há as árvores, as fábricas,
Doenças galopantes, fomes.

Aplicando conhecimentos

1 Quando uma oração não tem sujeito, o verbo geralmente não se flexiona e mantém-se na terceira pessoa do singular. Com base nessa informação, complete as seguintes orações com o verbo entre parênteses flexionado da maneira adequada.

a) _____ muitas pessoas na festa de ontem. (haver)

b) _____ dez anos que eu não o vejo. (fazer)

c) No futuro, _____ poucos recursos naturais, se o mundo não se conscientizar. (haver)

d) Não vá. _____ cedo ainda. (ser)

2 Reescreva em seu caderno as frases a seguir, substituindo o verbo **existir** pelo verbo **haver**. Lembre-se de que o verbo **haver** é impessoal e que, portanto, deve permanecer na terceira pessoa do singular.

a) **Existem** mil razões para que eu estude mais.

b) Sei que **existem** pessoas preocupadas com a situação econômica do país.

c) Na prova, **existiam** questões às quais eu não sabia responder.

d) Alguns cientistas acreditam que **existe** vida em outros planetas.

DE OLHO NA ESCRITA

Uso de há/ah/a

1 O uso das palavras "a", "há" e "ah" pode causar algumas dúvidas. Recorde as classes gramaticais às quais essas palavras pertencem.

Lembre-se

- A palavra "há" corresponde à 3ª pessoa do singular do verbo haver.
Por exemplo: Ele **há** de vencer!
Esse verbo também pode ser usado com o sentido de "existir".
Há dois jogadores contratados no time.

- A palavra "ah" faz parte de um grupo de palavras que têm como função expressar sentimentos, emoções, sensações, estados de espírito. É uma interjeição.
Veja um exemplo: **Ah**! Estou desapontado!

- A palavra "a", usada como preposição, tem a função de estabelecer relação entre termos.
Observe: Ele entregou o livro **a** Maria.

2 Agora que você já conhece as diferenças entre essas palavras correspondentes a três classes gramaticais diferentes, complete as frases usando: "a", "há" ou "ah".

a) A professora não via o aluno _____ muito tempo.

b) _____! Não acredito que a revista não chegou nessa remessa!

c) Paulo garantiu que não dará atenção _____ certos assuntos polêmicos.

d) _____ dois meses tento marcar esta consulta e não consigo.

e) _____ pessoas que vivem para lutar por aquilo que favorece _____ todos.

f) _____! Só agora você vem me dizer que não _____ mais brindes!

3 Observe mais dois exemplos de uso das palavras "há" e "a".

I – Eu estive nesta praia **há** dois meses.

II – Eu irei para a praia daqui **a** dois meses.

Responda:

a) Qual enunciado expressa uma ideia de futuro?
_____

b) Em qual deles há uma ideia de passado?
_____

c) A palavra "há" foi usada no enunciado que expressa ideia de passado ou de futuro?
_____

d) E a palavra "a", foi usada no enunciado que expressa ideia de passado ou futuro?
_____

Importante saber

■ Em enunciados que expressam ideia de **passado** emprega-se "há".
Exemplo: Há quanto tempo não te vejo!

■ Em enunciados que expressam ideia de **futuro**, emprega-se "a".
Exemplo: Ana chegará daqui a pouco.

■ A preposição "a" também é usada para se referir a **lugar**.
O restaurante fica a dez quilômetros daqui.

55

4 Vamos lá! Agora é com você. Empregue "há" ou "a" de acordo com o que estudou nas atividades anteriores.

a) Eu frequento este curso _____ mais de três anos.

b) Alex pediu para avisar a professora que chegará daqui _____ dez minutos.

c) A casa fica _____ duas quadras daqui.

d) _____ tempos tento resolver o problema, mas acho que só conseguirei solucionar tudo daqui _____ dois ou três dias.

e) Não me recordo mais daquela conversa, porque já aconteceu _____ tanto tempo...

f) Por que você não programa a sua viagem para daqui _____ um ano? Assim poderá pagá-la com facilidade.

PRODUÇÃO DE TEXTO

Neste capítulo, você leu vários poemas. Agora é a sua vez de produzir um texto desse gênero. Escreva um poema sobre o tema "adolescência".

PLANEJE SEU TEXTO

Responda a cada um dos iens do quadro como modo de planejamento. Amplie o número de itens, se precisar. Verifique se cumpriu o planejado na hora de avaliar o texto.

PARA ESCREVER O POEMA	
1. Qual é o público leitor do texto?	
2. Que linguagem vou empregar?	
3. Qual é a estrutura que o texto vai ter?	
4. Onde o texto vai circular?	

ORIENTAÇÕES PARA A PRODUÇÃO

1. Como o tema do poema é "adolescência", é possível que o seu texto expresse sua visão sobre o tema. De qualquer modo, antes de escrever o texto, você também pode ler artigos de opinião, reportagens, letras de canção e outros poemas sobre esse assunto.

2. Um dos "trabalhos" do poeta é lidar com a palavra, não apenas para criar efeitos de sentido, mas também sonoros. Se você escolher dar ênfase a esses aspectos, escreva alguns versos, buscando perceber a seleção e combinação dos sons e das palavras.

3. Organize os versos e verifique se eles produzem os efeitos que deseja quanto ao sentido, à sonoridade e ao ritmo do poema. Lembre-se de que um poema não precisa necessariamente ter rimas.
4. Busque usar imagens poéticas: uma dica para consegui-las é usar a linguagem figurada.
5. Organize a escrita do texto no espaço da folha: você já sabe que a forma usada para escrever um poema não obedece à organização em parágrafos, mas à organização em versos.
6. Dê um título ao poema.

AVALIAÇÃO E REESCRITA

Depois de terminar a produção:
1. Faça uma leitura do poema em voz alta e verifique se quer retomá-lo, alterar as palavras e a combinação delas, acrescentar ou retirar versos, continuar o texto.
2. Verifique se o ritmo do poema ficou agradável.
3. Se você optou em fazer um poema com rima, veja se as rimas produziram o efeito sonoro desejado.
4. Reescreva os versos até atingir seus objetivos.
5. Faça uma correção ortográfica do texto.
6. Passe o texto a limpo e entregue-o ao professor.

LEIA MAIS

Ler poemas sobre o tema adolescência é sempre enriquecedor e agradável. Mas há textos de outros gêneros que podem ampliar o tratamento dessa temática. O jovem é um protagonista social: pesquise outros textos sobre o mundo do jovem, a participação dele na sociedade, os conflitos vividos por eles: há notícias, reportagens, artigos de opinião, livros escritos por especialistas. Informe-se, reflita, curta as novas leituras!

PREPARANDO-SE PARA O PRÓXIMO CAPÍTULO

No próximo capítulo você lerá textos que fornecem explicação sobre algo, sobre sua origem, por exemplo. Alguns desses textos são contados oralmente ao longo do tempo, passando de pais para filhos, e são construídos baseados na imaginação, na experiência e em aspectos do universo local de quem os conta. Um outro tipo de texto que fornece explicações sobre algo é bem diferente do primeiro: ele é feito de informações objetivas. Você consegue imaginar que tipo de textos são esses? Observe as capas de livros abaixo e tente responder a essa pergunta.

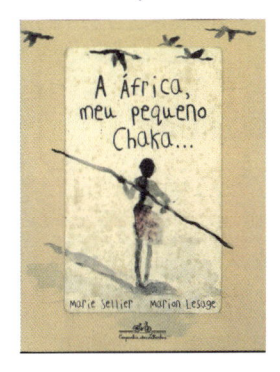

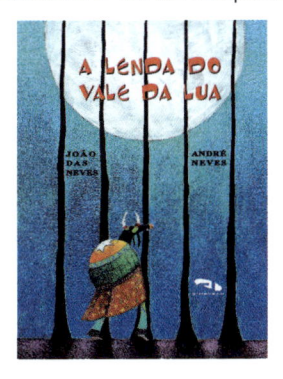

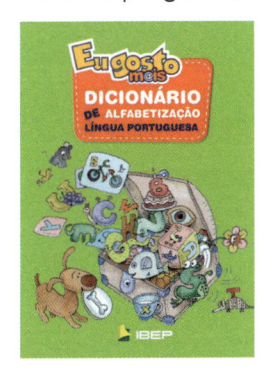

Unidade 2

Histórias de encantos e aventuras

Nesta unidade, você estudará:

- **VERBO: FORMAS NOMINAIS – ESTUDO DO PARTICÍPIO**

- **TIPOS DE PREDICADO: VERBAL, NOMINAL E VERBO-NOMINAL**

- **TRANSITIVIDADE VERBAL**

- **VERBO: FORMAS NOMINAIS – ESTUDO DO GERÚNDIO**

- **ORTOGRAFIA:**

- ALGUMAS PALAVRAS QUE DESPERTAM DÚVIDAS

PARA COMEÇO DE CONVERSA

Nesta unidade, você vai ler uma lenda, um mito e também narrativas de aventura. Converse com o professor e os colegas sobre esse assunto.

1. Em sua opinião, as pessoas gostam de explicar por que os fatos acontecem?

2. Conte, se tiver, alguma experiência a respeito do que o povo diz sobre superstição, histórias de assombração etc.

3. Na pintura a seguir, encontre personagens e elementos da natureza que costumam aparecer em lendas do folclore popular.

Odete Maria Ribeiro. 1988. *Sucuridjedá III (Suíte)*. Óleo sobre tela de eucatex, 702 cm × 100 cm

4. No capítulo 2 desta unidade, você vai ler o trecho de uma história de aventura. Leia o trecho a seguir, escrito por um jornalista, a respeito de um livro de Amyr Klink. Depois responda às questões.

> "Bem-vindo a bordo. Você vai começar a fazer uma viagem inesquecível. Aliás, duas viagens. Uma, calma, saborosa, sem sobressaltos ou tédio.
>
> A outra, plena de aventuras, repleta de emoções, rumo ao desconhecido."
>
> Juca Kfouri. Orelha do livro *Paratii: entre dois polos*, de Amyr Klink. São Paulo: Companhia. das Letras, 2005.

a) Você já sentiu vontade de sair pelo mundo, conhecer coisas, pessoas e lugares distantes, inusitados e diferentes? Conte para a sua turma.

b) Conhece alguém que já passou por essa experiência?

c) Que consequências podem ter experiências como essas?

d) Que lições se podem aprender quando se busca o novo?

e) Em sua opinião, é preciso ir longe para viver situações de aventura?

Capítulo 1

LENDAS, MITOS E ABÓBORAS MÁGICAS

PRÁTICA DE LEITURA

Texto 1 – Lenda

Antes de ler

1. Leia esta questão.

Quem nasceu primeiro: o ovo ou a galinha?

Você já tinha ouvido essa pergunta? O que se quer saber com essa indagação?

2. Imagine que você tenha encontrado uma fonte mágica capaz de responder a todas as suas questões sobre a origem do primeiro grão de vida do universo. Que perguntas você faria a essa fonte?

3. Você conhece alguma explicação científica sobre a origem do mundo e dos seres que o habitam? Conte-a para os colegas.

Você gostaria de saber mais histórias que o povo conta sobre a criação do mundo e dos seres? Então, ouça o que seu professor irá contar. A narrativa acontece numa sala de aula como essa onde você se encontra: cheia de alunos curiosos, interessados nos segredos do universo.

Irapuru – o canto que encanta

Certo jovem, não muito belo, era admirado e desejado por todas as moças de sua tribo por tocar flauta maravilhosamente bem. Deram-lhe então o nome de Catuboré, flauta encantada. Entre as moças, a bela Mainá conseguiu o seu amor; casar-se-iam durante a primavera.

Certo dia, já próximo do grande dia, Catuboré foi à pesca e de lá não mais voltou.

Saindo a tribo inteira à sua procura, encontraram-no sem vida, à sombra de uma árvore, mordido por uma cobra venenosa. Sepultaram-no no próprio local.

Mainá, desconsolada, passava várias horas a chorar sua grande perda. A alma de Catuboré, sentindo o sofrimento de sua noiva, lamentava-se profundamente pelo seu infortúnio. Não podendo encontrar a paz, pediu ajuda ao deus Tupá. Este, então, transformou a alma do jovem no pássaro irapuru, que, mesmo com escassa beleza, possui um canto maravilhoso, semelhante ao som da flauta, para alegrar a alma de Mainá.

O cantar do irapuru ainda hoje contagia com seu amor os outros pássaros e todos os seres da natureza.

Waldemar de Andrade e Silva. *Lendas e mitos dos índios brasileiros.* São Paulo: FTD, 1999.

Por dentro do texto

1. Por que o jovem Catuboré era tão admirado pelas moças de sua tribo?

2. Quem vive a história de amor contada nessa narrativa?

3. Identifique o trecho que comprova a presença de interferência divina na vida da comunidade em que vivia Catuboré.

4. Podemos dizer que o foco dessa história é explicar a origem de algo. Justifique.

Texto e construção

1. O final da história surpreende o leitor com um desfecho trágico. Releia os trechos destacados nos últimos parágrafos e relate o que aconteceu, mencionando os fatos principais.

a) Compare a linguagem que você usou para escrever a resposta anterior com a linguagem da lenda. Qual das duas linguagens é mais poética? Qual delas provocaria mais emoção no leitor?

b) Caso você escrevesse uma lenda, qual das duas linguagens usaria? Justifique sua resposta.

2 Leia o texto a seguir.

Nome comum: uirapuru-verdadeiro
Outros nomes: irapuru, corneta ou músico
Nome em inglês: organ wren
Nome científico: *Cyphorhinus aradus*
Filo: *Chordata*
Classe: Aves
Família: *Troglodytidae*
Plumagem: pardo-avermelhada e bem simples
Características físicas: tem bico forte, pés grandes e, às vezes, nos lados da cabeça, um desenho branco
Comprimento: 12,5 cm
Distribuição geográfica: presente em quase toda a Amazônia brasileira, com exceção do alto rio Negro e da região a leste do rio Tapajós. Encontrado também em todos os demais países amazônicos – Guianas, Venezuela, Colômbia, Equador, Peru e Bolívia.
Hábitat: é localmente comum no estrato inferior de florestas úmidas, principalmente na terra firme, mas também em florestas de várzea.

[...] O uirapuru, também chamado corneta ou músico, é um pássaro típico da Amazônia, da família dos trogloditídeos, cuja plumagem não condiz com a exuberância do canto, de grande beleza.

O nome aplica-se ainda a outros trogloditídeos amazônicos, como o uirapuru-de-peito-branco (*Henicorhina leucosticta*), o uirapuru-veado (*Microcerculus marginatus*) e o uirapuru-de-asa-branca (*Microcerculus bambla*). Cada um deles com seu canto característico, mas nenhum se iguala ao uirapuru-verdadeiro (*Cyphorhinus aradus*).

Disponível em: <www.saudeanimal.com.br/uirapuru.htm>.
Acesso em: 20 fev. 2012.

a) Qual é o assunto do texto lido?

b) Volte ao texto e transcreva dele três características do pássaro uirapuru.

c) As características do pássaro presentes no texto são científicas? Justifique sua resposta.

_____

_____

> **Importante saber**
>
> Quando alguém conta uma história em que os fatos são relatados para explicar a origem de algo de seu universo local, utilizando as próprias experiências e a imaginação, temos um texto narrativo do **gênero lenda**. As lendas estão presentes nas mais diferentes culturas e o seu surgimento está ligado à tradição oral do povo.
>
> Quando a definição de algo é dada por meio de informações objetivas, temos um texto do **gênero verbete**. Por exemplo, as enciclopédias e os dicionários são organizados em verbetes.

REFLEXÃO SOBRE O USO DA LÍNGUA

Particípio

1 Releia este começo da lenda Irapuru.

> "Certo jovem, não muito **belo**, era **admirado** e **desejado** por todas as moças de sua tribo..."

a) Escreva, ao lado do termo "jovem", as palavras, já destacadas no trecho, que acrescentam alguma característica ou atributo a ele.

Jovem _____

Jovem _____

Jovem _____

b) Observe que duas dessas palavras podem ser relacionadas a um verbo.

admirar ⟶ admir**ado**

desejar ⟶ desej**ado**

> **Importante saber**
>
> As palavras "admirado" e "desejado" são classificadas como particípio. O **particípio** é uma das formas nominais do verbo. Além de sua função verbal, ele também desempenha a função que é própria dos nomes, podendo ser flexionado em gênero e número. Nos verbos regulares, sua grafia termina em **-ado(a)** ou **-ido(a)**.

63

2 Complete as frases a seguir fazendo a concordância adequada, conforme o exemplo.

a) O nome dele significa flauta _____encantada_____. (encantar)

b) O jovem foi _____ pela cobra. (morder)

c) A jovem Mainá ficou _____. (desconsolar)

d) Eles são jovens _____. (apaixonar)

> **Lembre-se**
> Na lenda, o uso do particípio teve um papel importante. Ele indicou ao leitor como o jovem índio era tido pelas moças da sua tribo: **admirado e desejado**; ajudou a indicar a situação em que ele se encontrava e que o impedia de voltar para sua tribo (**mordido** por uma cobra); também informou o estado em que ficou Mainá diante da perda do seu amado (**desconsolada**).

Aplicando conhecimentos

1 O trecho a seguir fala sobre a distribuição geográfica do pássaro uirapuru-verdadeiro pelo Brasil.

> "Distribuição geográfica: presente em quase toda a Amazônia brasileira, com exceção do alto rio Negro e da região a leste do rio Tapajós. Encontrado também em todos os demais países amazônicos [...]"

a) Identifique e copie o particípio.

_____

b) O particípio presente no trecho é um adjetivo. Esse adjetivo corresponde a característica, a um atributo do pássaro?

_____
_____

2 Leia um trecho da lenda do irapuru.

> "Certo jovem, não muito belo, era admirado [...] por tocar flauta muito bem. Deram-lhe então o nome de Catuboré, flauta encantada."

a) Identifique o segundo particípio presente no trecho.

_____

b) O particípio que você identificou e copiou é um adjetivo. Esse adjetivo corresponde a uma característica? Explique.

_____
_____

3 A partir do texto sobre a lenda, foi feita uma lista de verbos. Escreva o particípio dos verbos a seguir.

VERBO	PARTICÍPIO
tocar	
dar	
conseguir	
casar	
ir	
voltar	
sair	
encontrar	
sepultar	
passar	
chorar	
sentir	
lamentar	
poder	
encontrar	
pedir	
transformar	
possuir	
alegrar	
contagiar	

4 Em todas estas frases, há um particípio. Veja se todos estão escritos corretamente. Caso haja algum grafado incorretamente, corrija-o.

a) Eu não tinha **dizido** isso! _____

b) Vamos parabenizar os garotos **escolhidos**. _____

c) Eu invejei aquelas mãos **calejadas**. _____

d) Ele havia **escrevido** aquilo na sua juventude. _____

e) O culpado será **pego** com a mão na massa. _____

f) Quando ela chegou, o motorista já tinha **abrido** a porta. _____

g) As colegas ainda não tinham **vindo** da biblioteca. _____

h) Márcio já havia **cobrido** tudo antes de sair. _____

i) O rosto **envelhecido** denunciava sua idade. _____

PRÁTICA DE LEITURA

Texto 2 – Mito

O príncipe infeliz e as abóboras desprezadas

Ifá morava no Orum, o Céu dos orixás, mas os odus viviam perto do Aiê, o mundo dos humanos.

Depois da primeira reunião da casa de Ifá, que havia sido tão desastrosa, os príncipes do destino seguiram o caminho para o Aiê.

Todos menos Obará, que não tinha ido porque seus quinze irmãos se esqueceram de levá-lo.

Talvez o tivessem esquecido de propósito, uma vez que Obará só falava de coisas ruins, além de ser pobre e não ter alegrias na vida, o que lhe valera o epíteto de Príncipe Infeliz.

Cada um levava nas costas a abóbora ganha de Ifá. E como nenhum deles gostava de abóbora, o peso do fruto só lhes dava cansaço e mau humor.

Estavam chegando ao seu país e a fome apertava, mas abóbora eles não iam comer, ah! isso não.

Alguém então se deu conta de que estavam já bem perto da casa de Obará.

"Vamos comer na casa de Obará?", alguém propôs.

"Alguma coisa melhor que abóbora nosso amado irmão há de ter em sua mesa, assim espero", completou outro odu.

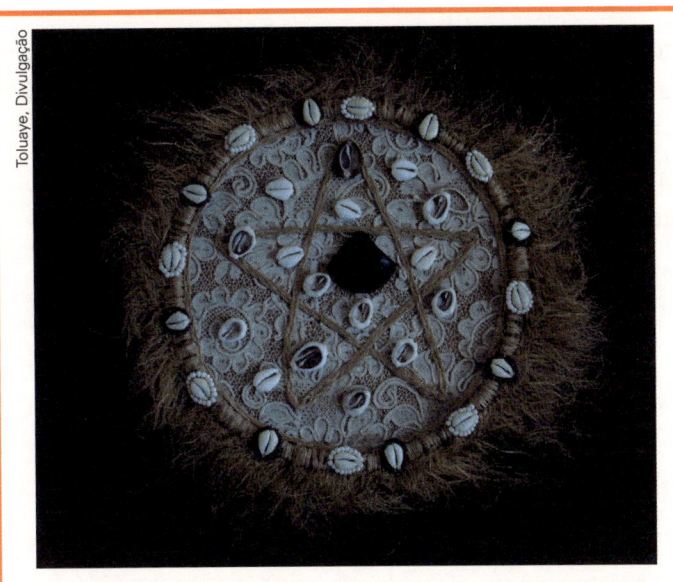

Jogo de búzios com disposição de conchas que representa Obará.

Saíram todos correndo para a casa do Príncipe Infeliz, levando cada um sua abóbora nas costas, pois não iam largar na estrada um presente de Ifá, mesmo que não apreciassem nada seu sabor.

Foram acolhidos com grande alegria por Obará. Obará nunca recebia ninguém, ninguém o visitava.

Ao contrário, todos o evitavam.

E de repente, sem nenhum aviso, os seus quinze irmãos entraram em sua casa.

Que alegria. Que contentamento!

"Vejo que vindes de longe, estais cansados", disse Obará depois de abraçar cada um dos seus irmãos.

"Imagino que estais famintos." Ordenou às mulheres da casa que trouxessem água fresca e panos limpos em grande quantidade.

"Lavai-vos dessa poeira da estrada e depois vamos comer, vamos festejar."

Obará era pobre e o que tinha de comida em casa nem daria para alimentar ratos que fuçavam a despensa.

Mas a alegria de ter os irmãos em casa era incontida.

Ordenou à esposa que fosse correndo ao mercado, que tomasse dinheiro emprestado, que pedisse fiado, e que comprasse tudo o que pudesse agradar ao paladar de um príncipe faminto porém exigente.

Coitado de Obará, ia ficar ainda mais pobre, mais endividado, mais enrascado na vida.

Era assim o destino de Obará, era essa a sina dos afilhados desse príncipe do destino.

Perdiam tudo, mas não aprendiam nunca, sempre se metendo em novos apuros e apertos.

E então lá se foi a mulher de Obará ao mercado, de onde voltou acompanhada de muitos ajudantes carregados de cabritos, leitões e frangos.

Traziam também balaios de inhame, feijão e farinha, potes de azeite-de-dendê, porções de sal, vasilhas de pimenta, postas de peixe e peneiras de camarão, garrafas de vinho, litros de cerveja.

E o banquete que foi preparado e comido nunca mais seria esquecido por ninguém do lugar. Os príncipes comeram até se fartar, comeram bem como nunca tinham comido antes.

Terminada a comilança, os odus despediram-se do irmão e prometeram voltar outras vezes, pois comida deliciosa e farta como aquela não havia.

De barriga cheia como estavam então, não deram conta de levar suas desprezíveis abóboras e as largaram todas abandonadas no quintal de Obará.

Os príncipes partiram e Obará ficou sozinho. Sua mulher limpando os restos da principesca comilança, as abóboras abandonadas abarrotando o quintal, os credores já ameaçando bater à sua porta.

Quando no dia seguinte todos os mercadores do lugar se recusaram a vender fiado a Obará o que quer que fosse antes que ele pagasse o que devia, faltou de novo comida na mesa de Obará.

Conformado, ele disse à mulher:

"Vamos comer abóbora".

Foi até o quintal onde os príncipes abandonaram as abóboras e com a faca partiu uma que lhe parecia bem madura.

A abóbora estava recheada de pepitas de ouro!

Obará, boquiaberto, abriu a segunda abóbora: no lugar das sementes, diamantes, enormes.

A outra trazia pérolas e a seguinte, esmeraldas. Obará estava enlouquecido.

Ele gritava, dançava, gargalhava, abraçava a mulher e ia abrindo as abóboras.

Foi assim que Obará se transformou no mais rico dos príncipes do destino, e ele gosta muito de contar essa sua história.

Foi assim que Obará se transformou no mais respeitado, invejado e querido de todos os viventes de sua terra, o mais desejado de todos os padrinhos.

Todos os pais e mães querem que seus filhos tenham Obará para seu odu.

Nunca mais ele foi chamado de Príncipe Infeliz.

Pois o odu Obará é o odu da riqueza inesperada.

Suas histórias agora falam também de prosperidade, de muito dinheiro e bem-estar material, contam de ganhos, conquistas, vitórias e finais felizes.

Mas para alcançar tamanho sucesso, além da proteção do padrinho Obará, é preciso ter o coração bom (ou, como dizem alguns, ter o juízo um pouco mole), como tem Obará.

Foi o próprio Obará que, com muita alegria, contou essa história na segunda reunião com Ifá, tendo sido ajudado pelo príncipe Ejiocô, que enfatizava as passagens mais interessantes. Seus irmãos permaneciam quietos e cabisbaixos enquanto Obará se divertia com a narrativa.

Mas ao final, quando o banquete foi servido, um grande contentamento voltou a tomar conta de todos na casa celeste de Ifá.

Reginaldo Prandi. *Os príncipes do destino: histórias da mitologia afro-brasileira*. São Paulo: Cosac & Naify, 2001.

Por dentro de texto

1 Quem são as personagens da história?

_____

_____

2 Identifique a morada de Ifá e dos odus.

_____
_____

3 Leia o texto a seguir.

> Na língua iorubá de nossos dezesseis príncipes havia uma palavra para se referir a eles. Eles eram chamados de odus, que poderíamos traduzir como portadores do destino. Os príncipes odus colecionavam as histórias dos que viveram em tempos passados, sendo cada um deles responsável por um determinado assunto. Assim, o odu chamado Oxé sabia todas as histórias de amor. Odi sabia as histórias que falavam de viagens, negócios e guerras. Ossá sabia tudo a respeito da vida em família e da maternidade. E assim por diante. As histórias falavam de tudo o que acontece na vida das pessoas, de aspectos positivos e negativos, pois tudo tem o seu lado bom e o seu lado ruim.
>
> Reginaldo Prandi. *Os príncipes do destino: histórias da mitologia afro-brasileira.* São Paulo: Cosac & Naify, 2001.

- As personagens da história "O príncipe infeliz e as abóboras desprezadas" têm alguma relação com o sagrado ou fazem parte do universo das pessoas comuns, mortais?

_____
_____

4 Qual foi o conflito que desencadeou todos os fatos ocorridos com Obará?

_____
_____

5 Por que Obará era considerado um príncipe infeliz?

_____

6 Assinale a alternativa que caracteriza a atitude dos irmãos de Obará nos parágrafos indicados a seguir.

a) 3 e 4

☐ Eles tinham uma atitude egoísta, de excluir o irmão.

☐ Eles eram acolhedores com Obará.

b) 6 a 10

☐ Eles foram "interesseiros", pois só resolveram visitar Obará por estarem com fome.

☐ Eles visitaram Obará porque o consideravam muito.

7 É possível afirmar que a atitude de Obará se opõe à de seus irmãos? Por quê?

_____

_____

8 Identifique na narrativa os elementos da cultura africana, relacionados aos temas a seguir, transcrevendo do texto os trechos em que aparecem.

a) Acolhimento das visitas.

_____

_____

_____

b) Tipo de alimentação usada no banquete.

_____

_____

_____

c) Maneira de expressar a alegria da descoberta da fortuna nas abóboras.

_____

d) Seres da mitologia africana.

_____

9 Leia este outro trecho retirado do livro *Os príncipes do destino* e responda às questões a seguir.

> Há muito tempo, num antigo país da África, dezesseis príncipes negros trabalhavam juntos numa missão da mais alta importância para seu povo, povo que chamamos de iorubá. Seu ofício era colecionar e contar histórias.

a) Que palavras ou expressões localizam o leitor quanto ao tempo e espaço da narrativa?

_____

_____

b) Considerando que o texto é um mito e, portanto, narra acontecimentos com base nas explicações do ser humano sobre o mundo, a existência, os seres, explique a intenção do emprego das expressões de tempo e espaço.

_____

_____

_____

REFLEXÃO SOBRE O USO DA LÍNGUA

Tipos de predicado: verbal, nominal e verbo-nominal

1. Leia estas orações.

    a) "Obará estava enlouquecido."

    b) Ele abraçava a mulher.

    c) Obará transformou-se no mais rico dos príncipes do destino.

    d) Seus irmãos permanecem quietos.

    e) "A abóbora estava recheada de pepitas de ouro!"

    f) Os príncipes abandonaram suas abóboras.

    g) Todos os mercadores do lugar se recusaram a vender fiado a Obará.

    - Separe as orações que você leu acima em duas colunas, de acordo com a informação expressa pelo predicado: ação ou atributo (característica, qualidade, estado, modo de ser) do sujeito.

PREDICADO EXPRESSA AÇÃO DO SUJEITO	PREDICADO EXPRESSA ATRIBUTO DO SUJEITO

71

> **Importante saber**
>
> Quando o predicado expressa uma **ação**, o **verbo** é a palavra mais importante desse predicado.
>
> Quando o predicado expressa apenas um **atributo do sujeito**, a palavra ou expressão **com valor adjetivo** que expressa esse atributo é a mais importante do predicado. Nesse caso, o verbo tem como função ligar o sujeito ao seu atributo; dizemos que se trata de um **verbo de ligação**.

2 Quais são as ações que os verbos expressam na primeira coluna do exercício anterior?

___

3 Quais são os verbos de ligação que aparecem na segunda coluna do exercício anterior?

___

- Que atributos os verbos de ligação estão ligando aos seus respectivos sujeitos?

___

> **Importante saber**
>
> De acordo com a relação que o predicado mantém com o sujeito, há **três tipos de predicado**. Veja o exemplo.
>
> sujeito → Obará
> predicado ← **era pobre**.
> verbo de ligação ↓   predicativo ↓
>
> A palavra *pobre* é o **termo mais importante do predicado**. Por isso dizemos que ela é o **núcleo do predicado**. E, por se tratar de um **atributo do sujeito**, esse núcleo do predicado é conhecido como **predicativo do sujeito**.
>
> Quando o **predicado** apresenta como núcleo um **predicativo do sujeito**, que se liga ao sujeito por meio de um **verbo de ligação**, damos a ele o nome de **predicado nominal**.
>
> Agora, analise mais um exemplo.
>
> sujeito: Os seus quinze irmãos
> predicado: **entraram** em sua casa.
>
> A palavra *entraram* é o **termo mais importante do predicado**, pois expressa uma ação do sujeito e é, portanto, o **núcleo do predicado**.
>
> Quando o **predicado** apresenta como núcleo um **verbo**, damos a ele o nome de **predicado verbal**.
>
> Para finalizar, leia outro exemplo.
>
> sujeito → Obará
> predicado ← **gargalhava enlouquecido**.
> ação ↓   predicativo ↓
>
> Nesse caso, as palavras *gargalhava* e *enlouquecido* são igualmente importantes, pois expressam uma ação e um atributo do sujeito (**predicativo do sujeito**).
>
> Quando o **predicado** apresenta dois núcleos – um **verbo** e um **predicativo do sujeito** –, damos a ele o nome de **predicado verbo-nominal**.

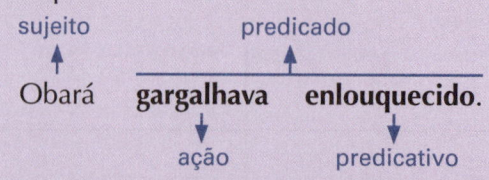

Aplicando conhecimentos

1) Leia as orações abaixo, identifique o verbo de cada uma delas e, em seguida, classifique o predicado.

a) A abóbora parecia madura.

_____

b) No lugar das sementes, havia diamantes enormes.

_____

c) Obará se transformou no mais rico dos príncipes do destino.

_____

d) Obará gosta muito dessa história.

_____

e) Os príncipes saíram fartos da casa de Obará.

_____

2) Una as duas orações de cada exemplo em uma única frase cujo predicado seja verbo-nominal, de acordo com o modelo. Faça as adaptações necessárias.

> I – Obará abraçava a mulher. Obará estava enlouquecido.
> II – Obará abraçava a mulher enlouquecido.

a) Os príncipes partiram. Os príncipes estavam fartos.

_____

_____

b) A mulher chegou do mercado. A mulher estava abarrotada de compras.

_____

_____

c) Obará partiu a abóbora. Obará estava conformado com sua sina.

_____

_____

d) Os príncipes abaixaram a cabeça. Os príncipes estavam envergonhados.

_____

_____

DE OLHO NA ESCRITA

Algumas palavras que despertam dúvidas (I)

1 Há palavras e expressões que podem gerar dúvidas quanto ao significado. As expressões a seguir são semelhantes, mas têm significados diferentes.

há cerca de/acerca de

Encaixe as expressões do quadro nas frases a seguir.

a) Visitamos o centro da cidade _____ quatro dias.

b) Conversamos _____ das belezas que vimos no centro da cidade durante o passeio.

2 Conheça outras expressões com escrita semelhante e significados diferentes.

demais/de mais

Encaixe as expressões do quadro nas frases a seguir.

a) Eu não preciso _____ nada.

b) O show foi _____!

3 Confira o sentido das expressões empregadas anteriormente e o emprego delas nas frases a seguir.

há cerca de: tempo aproximado
Exemplo: Há cerca de quatro anos visitamos Ouro Preto.

acerca de: a respeito de; sobre
Exemplo: Falávamos acerca de política.

demais: excessivamente
Exemplo: Vocês falam demais.

de mais: oposição a de menos
Exemplo: Você não fez nada de mais.

- Agora, empregue adequadamente nas frases uma das expressões entre parênteses, observando o sentido de cada uma delas.

a) Conversamos durante horas _____ de diversos assuntos.
(há cerca de/acerca de)

b) Ele buscou a encomenda _____ dez minutos.
(há cerca de/acerca de)

c) Escreveram tratados _____ Matemática, Filosofia e Astronomia.
(há cerca de/acerca de)

d) Fez um relatório _____ tudo o que foi discutido na reunião.
(há cerca de/acerca de)

e) A cozinheira precisa _____ sal.
(demais/de mais)

f) A opinião dela me incomodou _____.
(demais/de mais)

g) As creches do bairro carecem _____ alimentos e brinquedos.
(demais/de mais)

h) O tempo esfriou _____ e será preciso buscar mais cobertores.
(demais/de mais)

PRODUÇÃO DE TEXTO

Um dos textos lidos neste capítulo explica a origem do pássaro uirapuru. Na sequência, você leu uma ficha com informações científicas sobre o pássaro. Com as duas leituras, foi possível perceber que os textos apresentam diferentes finalidades.

Agora é a sua vez. Em grupo, você e seus colegas vão escolher uma lenda que explique a origem de um ser. Por exemplo, há lendas que explicam a origem de um alimento, um animal, uma planta, uma flor etc. Você e seus colegas de grupo vão selecionar uma dessas lendas e, com base em dados de pesquisa, escreverão uma ficha com informações científicas relativas ao ser que foi apresentado na lenda. Façam uma exposição apresentando esse paralelo: a transcrição da lenda e a ficha produzida. Exponham os trabalhos em um lugar da escola que possa ser visitado por alunos de outras turmas.

PLANEJE SEU TEXTO

Respondam a cada um dos itens do quadro como modo de planejamento. Amplie, o número de itens, se precisarem. Verifiquem se cumpriram o planejado na hora de avaliarem o texto.

PARA ESCREVER A FICHA COM INFORMAÇÕES CIENTÍFICAS	
1. Qual é o público leitor do texto?	
2. Que linguagem vamos empregar?	
3. Qual é a estrutura que o texto vai ter?	
4. Onde o texto vai circular?	

ORIENTAÇÕES PARA A PRODUÇÃO

1. Selecionem uma lenda e identifiquem o ser ao qual ela se refere: por exemplo, há lendas que contam a origem da vitória-régia, do boto, da mandioca, entre outras.

2. Voltem algumas páginas deste capítulo e releiam a ficha com informações científicas sobre o uirapuru-verdadeiro. Pesquisem outras fichas com estrutura semelhante a essa. Vocês as encontrarão em livros didáticos, paradidáticos, *sites* etc. Baseiem-se nessas leituras e, com as informações pesquisadas, montem sua própria ficha.

3. Para organizar a ficha, procurem manter as informações básicas de uma ficha como essa. Para uma ficha de animal, é comum que nela conste o nome científico, filo, classe e família, características físicas, hábitat etc.

4. A ficha terá início com a apresentação de uma lista de tópicos seguidos de informações relacionadas a eles. Após essa topicalização, outras informações complementares podem aparecer organizadas em parágrafos.

5. Procurem diversificar as fontes de pesquisa para que a sua ficha contenha informações suficientes para compor o texto.

6. O texto não deve ser longo. Observem que a ficha lida neste capítulo não chega a ocupar uma página inteira. Assim, durante a pesquisa, selecionem as informações que considerarem centrais.

7. A ficha pode trazer uma foto do ser ao qual o texto se refere.

8. Junto com o professor, escrevam um texto coletivo dirigido ao público visitante, explicando o conteúdo e os objetivos da exposição. Nesse texto, esclareçam que a lenda e a ficha são modos diferentes de explicar a origem de algo. Por exemplo, vocês podem explicar que a lenda, ao narrar uma história, conta como surgiu determinado ser usando uma linguagem alegórica, poética, simbólica, enquanto a ficha tem como objetivo oferecer ao leitor informações científicas sobre um determinado ser (objeto de estudo). Essas explicações, entre outras, podem esclarecer o leitor sobre o conteúdo da exposição, dando sentido às duplas de textos apresentadas.

AVALIAÇÃO E REESCRITA

Depois de terminar a produção, avaliem:

1. A sequência de tópicos e de parágrafos da ficha facilita o entendimento de quem lê o texto? Para avaliar os tópicos, verifiquem a ordem em que eles costumam aparecer nas fichas lidas.

2. Observem que, nessas fichas, o nome científico do animal costuma ser grafado em itálico. Se sua ficha for digitada, adotem o itálico para dar destaque a essas palavras. Se o texto for manuscrito, adotem letra de forma ou outro tipo de letra para diferenciá-las.

3. Verifiquem se o texto contém as informações suficientes, mas lembrem-se de que a ficha não pode ficar longa demais.

4. Façam uma revisão ortográfica do texto.

5. Passem o texto a limpo na folha definitiva.

6. Transcrevam ou digitem a lenda que servirá para estabelecer o paralelo com o conteúdo da ficha usando o mesmo tipo de papel como suporte para os dois textos.

LEIA MAIS

Os diferentes povos, desde há muito tempo, transmitiram, por meio de narrativas orais, os mitos de origem. Eles constituem uma riqueza cultural e muitos deles já foram registrados em livros belíssimos. Pesquise livros com mitos da cultura brasileira, africana, nórdica, grega, oriental etc. Indique essas leituras aos seus colegas.

PREPARANDO-SE PARA O PRÓXIMO CAPÍTULO

Escreva em seu caderno as respostas às seguintes questões.

- Você tem espírito aventureiro?

- Em caso afirmativo, qual foi a maior aventura que já viveu?

- Se você não se identifica com situações de aventura, saberia contar a história de alguém que já tenha vivido uma história desse tipo?

Após as anotações, compartilhe as respostas com os colegas conforme a orientação de seu professor.

Capítulo 2

DE REPENTE...
O INESPERADO...

PRÁTICA DE LEITURA

Texto 1 – Romance de aventura (fragmento I)

O texto que você vai ler é um romance que atravessou gerações e foi inspiração para muitas adaptações, filmes e até programas de TV. Trata-se da história de Robinson Crusoé. O irremediável espírito aventureiro da personagem desponta logo no início da obra, quando ele narra os conflitos com a família.

O trecho a seguir tem início com os aconselhamentos dados pelo pai à personagem, na ocasião com apenas dezoito anos.

Primeira parte – a origem da personagem Robinson Crusoé e sua primeira aventura

[...] Meu pai, já muito idoso, não me deixara na ignorância; pessoalmente deu-me a educação que pôde e, além disso, mandou-me a uma escola pública rural. Destinava-me ao curso de leis, mas a minha vocação era outra. Dominava-me unicamente o desejo de viajar por mar, e tinha essa inclinação tão arraigada contra a vontade e ordens de meu pai, e era tão surdo às admoestações e insistentes rogos da minha mãe, que parecia que uma espécie de fatalidade me arrastava misteriosamente para o estado de sofrimento e miséria em que mais tarde havia de cair. Meu pai, homem circunspecto e prudente, deu-me excelentes conselhos para me dissuadir dos projetos por que me via entusiasmado. Uma manhã chamou-me ao seu quarto, onde a **gota** o prendia; e falou-me asperamente acerca desse assunto.

Nova York no séc. XVIII. Gravura, anônimo, s/d.

Perguntou-me que razão eu tinha, ou antes, que louco desejo era o meu de abandonar a casa paterna e a pátria, onde poderia gozar de todas as proteções, além da esperança de aumentar os haveres da família com a minha aplicação e trabalho, e isso passando uma vida tranquila e agradável. Ponderou-me que para tentarem grandes empresas e irem por esse mundo afora procurar aventuras, para se elevarem e tornarem célebres por caminhos pouco trilhados, só eram aptas duas categorias de pessoas, as que não têm bens nem recursos de espécie alguma e as que pertencem às classes superiores e distintas – que esse intento ia muito além de minhas forças, pois pertencia à classe média, ou quando muito ao primeiro grau da vida burguesa; que por sua longa experiência havia reconhecido que essa situação era a melhor de todas, a que estava mais ao alcance da felicidade humana, isenta das misérias, dos trabalhos e sofrimentos da classe operária e ao mesmo tempo inacessível ao luxo, ao orgulho, à ambição e inveja dos grandes da terra. [...]

Foram na verdade bem proféticas as advertências de meu pai, embora naquele momento me parecesse que não lhes dava esse valor. Ao terminar, notei que as lágrimas lhe corriam em abundância pelo rosto, principalmente quando se referiu à morte de meu irmão. E também quando me disse que lá viria tempo em que me arrependeria, sem ter ninguém que me valesse, estava tão comovido, que não pôde continuar, confessando que lhe faltava o ânimo.

Fiquei deveras sensibilizado com tão afetuoso discurso, a ponto de tomar a resolução de não ir viajar, e estabelecer-me em York, obtemperando assim às intenções e desejos de meu pai [...]

Daniel Defoe. *As aventuras de Robinson Crusoé*. São Paulo: Companhia Editora Nacional, 2005.

Por dentro do texto

1 De que maneira o pai julgava a atitude da personagem Robinson Crusoé de querer se aventurar?

_____
_____

2 Você concorda com a opinião do pai da personagem? Por quê?

_____
_____

3 O que você imagina que vai acontecer nessa história? Robinson Crusoé vai desistir de se aventurar? Por que você acha isso?

_____
_____

• Continue a ler sobre o conflito do **protagonista**, ou seja, da personagem principal.

[...] mas, pobre de mim! essa boa disposição passou como um relâmpago; e para evitar desde então as importunações de meu pai, deliberei ausentar-me sem me despedir dele; não o fiz porém de pronto, moderei um pouco a exaltação dos meus primeiros entusiasmos. Um dia em que minha mãe me pareceu mais alegre do que de costume, comuniquei-lhe particularmente que era invencível a minha paixão de correr mundo, e me inabilitava de tal forma para adotar qualquer modo de vida com êxito seguro, que meu pai faria melhor em me dar licença de partir do que forçar-me a tomá-la pelas minhas mãos.

[...] Minha mãe, indignada com essa teimosia, declarou-me terminantemente que era tempo perdido falar a meu pai em tal assunto porque, conhecendo muito bem o que mais conveniente era aos meus interesses, jamais daria o seu consentimento a tão perniciosa loucura; que não podia perceber a razão por que eu ainda pensava em tal coisa, depois da conferência que com ele tivera, e das palavras ternas e persuasivas que empregou para me dissuadir; em suma, se eu queria correr direto à perdição, não via remédio algum; mas não devia contar com seu consentimento, porque não queria concorrer para minha ruína, nem que se dissesse que protegia uma coisa a que meu pai tinha repulsa.

Ilustração de John Dawson Watson (1832-1892) para *Robinson Crusoé*, Londres, 1892.

[...] Um dia em que por acaso fui a Hull sem desígnio formado de levantar voo, encontrei lá um condiscípulo, que estava para sair para Londres a bordo de um navio do pai. Convidou-me a partir na companhia dele, e para melhor me decidir, empregou a linguagem usual dos marinheiros, isto é, que nada pagaria pela passagem. Fiquei tão entusiasmado, que nem pensei em consultar meus pais, nem sequer dar-lhes notícias minhas. Entreguei tudo ao acaso, e sem pedir-lhes a bênção nem implorar a assistência do céu, sem dar atenção às circunstâncias nem às suas consequências, meti-me a bordo do tal navio que ia para Londres. Este dia, o mais fatal da minha vida, foi o 1º de setembro de 1651. Não creio que tenha havido moço aventureiro para quem os infortúnios hajam começado mais cedo e durado mais tempo do que os meus. Apenas o navio saiu do rio Humber, refrescou o vento, e o mar começou a engrossar furiosamente. Como era a primeira vez que viajava por mar, o enjoo e o terror apoderaram-se do meu corpo e alma, mergulhando-me num desgosto impossível de exprimir-se. Principiei então a medir a importância do ato que praticara, e a pensar que a justiça divina castigava por aquela forma a desobediência de um criançola vagabundo. Desde então apresentaram-se vivos ao meu espírito todos os bons conselhos de meus parentes, as lágrimas de meu pai, as súplicas da minha mãe; e a consciência, ainda não endurecida como mais tarde, arguia-me de ter desprezado lições tão salutares, e faltado aos deveres para com meus pais e para com Deus.

Entretanto, desencadeara-se a tempestade, e o mar agitava-se cada vez mais; e posto que isso nada fosse em comparação do que vi muitas vezes mais tarde, e até poucos dias depois, contudo o espetáculo era de assombrar um marinheiro noviço, a um homem que, como eu, se via pela primeira vez num elemento estranho. A cada momento contava que as ondas nos engolissem, e cada vez que o navio metia a proa, receava que fosse até o fundo para não mais se levantar. No meio dessa angústia fiz promessas repetidas de que se Deus me salvasse dessa viagem, e eu chegasse a pôr pé em terra, não voltaria em toda a vida a entrar em navios para não me expor a idênticos desastres; mas, sim, iria diretinho para a casa dos meus pais e me guiaria pelos seus conselhos. Só então compreendi quanto eram justas as observações de meu pai acerca da condição mediana da vida, como tinha passado os seus dias tranquila e agradavelmente, sem haver aguentado tempestades no mar nem desgraça em terra; e assim, projetando a penitência do "filho pródigo", tomei a resolução de regressar à casa paterna.

Ilustração de Daniel Defoe para a 1ª edição de *Robinson Crusoé*, Londres, 1719.

Esses prudentes e sãos pensamentos duraram tanto tempo quanto o temporal, e ainda um pouco mais. No dia seguinte, o vento caiu, o mar amainou, e comecei a acostumar-me; conservei-me, porém, triste todo o dia, porque o meu enjoo não passara completamente; mas, ao cerrar da noite, limpou o céu, o vento caiu completamente; seguiu-se uma noite aprazível; o sol pôs-se sem nuvens e sucedeu o mesmo quando nasceu no dia seguinte. Assim, a atmosfera, apenas de leve agitada por uma brisa **fagueira**, as ondas lisas como um espelho, e o sol radiante, davam a meus olhos o mais delicioso dos espetáculos.

Dormi bem durante a noite, e livre já do terrível enjoo, senti-me cheio de coragem, olhando com admiração para o oceano, ainda na véspera tão enfurecido e assustador, e agora tão tranquilo e agradável. Nesse momento, o meu condiscípulo, o que verdadeiramente me havia atraído para essa temeridade, receoso de que eu persistisse nos bons propósitos que tinha manifestado, veio ter comigo, e dando-me uma palmada num ombro, disse-me: – Então, camarada, aposto que teve muito medo a noite passada, não é verdade? Ora! Não passou de uma baforada!

– O quê?! – respondi-lhe. – Chama então àquilo uma baforada, quando foi uma tempestade horrível?!

– Tempestade! – replicou. – Que inocência! Aquilo não foi nada... realmente... com um bom navio e no mar largo caçoamos perfeitamente com o vento... o camarada quer que lhe diga a verdade? Por ora não passa de um noviço... venha cá, vamos fazer um ponche, e que os prazeres de Baco nos façam esquecer do mau humor de Netuno. Veja o belo tempo que faz agora!

Daniel Defoe. *As aventuras de Robinson Crusoé*. São Paulo: Companhia Editora Nacional, 2005.

Por dentro do texto

1 Copie do trecho seguinte uma palavra que revela que a mãe de Crusoé é contra a aventura do filho.

> "Minha mãe, indignada com essa teimosia, declarou-me terminantemente que era tempo perdido falar a meu pai em tal assunto porque, conhecendo muito bem o que mais conveniente era aos meus interesses, jamais daria o seu consentimento a tão perniciosa loucura [...]."

2 Que acontecimento do texto tem relação com a expressão popular "marinheiro de primeira viagem"?

3 Copie do texto a frase que marca o início da formação da tempestade.

4 Releia os parágrafos 3 e 4 do último trecho e responda: que sentimentos, emoções o narrador expressa nesses parágrafos?

5 Agora releia os parágrafos 5 e 6 e responda: é possível afirmar que há uma relação entre a caracterização do clima provocado pela tempestade e a maneira como o narrador se sentia?

6 Que palavras e expressões descrevem a paisagem após a tempestade?

a) Transcreva as palavras e expressões que revelam a maneira como a personagem se sente ao término da tempestade.

b) Imagine que o narrador do texto relatasse o que ocorreu da seguinte maneira: "Robinson Crusoé sentiu angústia, medo e receio durante a tempestade. Quando ela terminou, ficou bem".

- Qual dos trechos representaria melhor a cena da tempestade e as emoções de Crusoé? Por quê?

c) Caso você fosse escrever uma cena parecida, qual das duas maneiras escolheria para causar emoções no leitor? Por quê?

7) No texto, ocorre uma descrição detalhada da tempestade. Veja.

Trecho 1

"**A cada momento** contava que as ondas nos **engolissem**, e **cada vez** que o navio **metia** a proa, **receava** que **fosse** até o fundo para não mais se **levantar**. **No meio** dessa angústia **fiz** promessas repetidas de que se Deus me salvasse dessa viagem, e eu **chegasse** a pôr pé em terra, não **voltaria** em toda a vida a **entrar** em navios para não me **expor** a idênticos desastres [...]"

Trecho 2

"No dia seguinte, o vento **caiu**, o mar **amainou**, e **comecei** a **acostumar-me**; **conservei-me**, porém, triste todo o dia, porque o meu enjoo não **passara** completamente; mas, ao **cerrar** da noite, **limpou** o céu, o vento **caiu** completamente; **seguiu-se** uma noite aprazível; o sol **pôs-se** sem nuvens e **sucedeu** o mesmo quando **nasceu** no dia seguinte. Assim, a atmosfera, apenas de leve **agitada** por uma brisa fagueira, as ondas lisas como um espelho, e o sol radiante, **davam** a meus olhos o mais delicioso dos espetáculos."

a) O emprego dos verbos deu dinamismo à narrativa, ajudou a construir a atmosfera de incerteza na qual a personagem imergiu e contribuiu para descrever a retomada da calmaria. Por que esse tipo de recurso é importante na narrativa de aventura?

b) As locuções adverbiais destacadas em verde no trecho 1 demonstram que a sequência dos acontecimentos se dá no período de um único dia, dentro de algumas horas. Qual é a duração dos fatos no trecho 2?

8) Copie do texto, desde a primeira parte, no mínimo dois trechos em que o narrador faz antecipações de acontecimentos futuros.

- O que o recurso da antecipação, usado pelo narrador, provoca no leitor?

___

9 Releia este trecho e faça o que se pede.

> "Só então compreendi quanto eram justas as observações de meu pai acerca da condição mediana da vida, como tinha passado os seus dias tranquila e agradavelmente, sem haver aguentado tempestades no mar nem desgraça em terra; e assim, projetando a penitência do filho pródigo, tomei a resolução de regressar à casa paterna."

- Por que o narrador planeja voltar como "filho pródigo" à casa paterna?

10 O que a história de Robinson Crusoé revela a respeito do comportamento do jovem? Os sentimentos de Crusoé se repetem nos jovens de hoje?

DE OLHO NO VOCABULÁRIO

Você sabe o que significam as palavras **persuasiva**, **dissuadir** e **obtemperação**? Procure-as no dicionário e, com o professor e seus colegas, descubra a relação que cada uma delas tem com o ato de argumentar, defender um ponto de vista.

REFLEXÃO SOBRE O USO DA LÍNGUA

Transitividade verbal

Como vimos no capítulo anterior, existem três tipos de predicado.
- Predicado **verbal**: que tem como núcleo um **verbo.**
- Predicado **nominal**: que tem como núcleo um **predicativo do sujeito**.
- Predicado **verbo-nominal**: que tem como núcleo um **verbo** e um **predicativo**.

Neste capítulo, vamos analisar mais detalhadamente os predicados verbais.

1 Leia os trechos a seguir, retirados do texto.
- "Meu pai, homem circunspecto e prudente, deu-me excelentes conselhos [...]"
- "[...] e, para melhor me decidir, empregou a linguagem usual dos marinheiros."
- "No meio dessa angústia, fiz promessas repetidas [...]"
- ... venha cá, vamos fazer um ponche [...]"

a) Experimente ler as frases sem as partes destacadas com tarja colorida depois dos verbos sublinhados.

b) Assinale a alternativa correta. A ausência das partes marcadas com tarja:

☐ Não faz falta nenhuma às frases.

☐ Faz falta às frases e compromete o sentido delas.

> **Lembre-se**
> Como você pôde perceber, para que os verbos sublinhados tivessem sentido, foi preciso acrescentar um complemento depois deles.

2 Leia mais alguns trechos da história:

- "No dia seguinte, o vento caiu [...]"

- "[...] o mar amainou [...]"

- "[...] Essa boa disposição passou [...]"

• E agora, os verbos sublinhados precisam de complemento para que a informação tenha sentido?

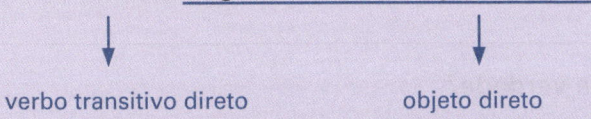

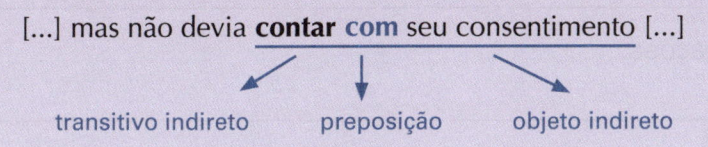

> **Importante saber**
> Chamamos **transitividade verbal** à necessidade de os verbos precisarem ou não de palavra ou expressão que lhes complemente o sentido.
> Assim, se um verbo não precisa de um complemento, é chamado de **verbo intransitivo**.
> Se um verbo precisa de um complemento é chamado de **verbo transitivo**.
> Ao complemento do verbo transitivo damos o nome de **objeto**.
> Veja como se classificam os verbos transitivos.
> **Verbos transitivos diretos** – acompanhados de complementos que se ligam ao verbo **sem o auxílio de preposição**. Ao complemento do verbo transitivo direto damos o nome de **objeto direto**. Observe o exemplo.
>
> Assim **terminou** a agitação dos meus pensamentos.
> ↓   ↓
> verbo transitivo direto   objeto direto
>
> **Verbos transitivos indiretos** – acompanhados de complementos que se ligam ao verbo **com o auxílio de preposição**. Ao complemento do verbo transitivo indireto damos o nome de **objeto indireto**. Observe o exemplo.
>
> [...] mas não devia **contar com** seu consentimento [...]
>   ↓   ↓   ↓
> transitivo indireto preposição   objeto indireto

> **Verbos intransitivos** – verbos que não precisam de complemento para transmitir uma informação completa. Observe.
>
> A agitação dos meus pensamentos **terminou.**
> ↓
> verbo intransitivo

Aplicando conhecimentos

1 Classifique os verbos em destaque nas orações a seguir em verbo de ligação, verbo transitivo e verbo intransitivo.

a) O mar **estava** calmo aquela manhã.

b) Meu enjoo **acabara**.

c) **Refleti** sobre meu procedimento passado.

d) **Sufoquei** todos os arrependimentos.

2 Identifique, quando houver, os complementos verbais (objeto direto ou indireto) e o predicativo do sujeito, no exercício 1.

3 Classifique os termos destacados em objeto direto, objeto indireto e predicativo do sujeito, de acordo com sua função na oração.

a) Esqueci completamente **as promessas** que formulara.

b) Veja **o belo tempo** que faz agora!

c) O camarada quer que eu lhe diga **a verdade**?

d) Resolvi abandonar **a casa paterna**, onde poderia gozar **de todas as proteções**.

e) Eram **justas** as suas reclamações.

4. Leia as manchetes, divulgadas pelo jornal *Folha de S.Paulo*, em fevereiro de 2012:

> I. **Aumenta o isolamento do regime sírio**
> II. **Morre ator de *A noite dos mortos vivos***
> III. **Reforma malfeita é a principal hipótese para acidente em prédio**

a) Qual é o sujeito de cada uma das orações?

b) Qual é o núcleo de cada um dos sujeitos?

c) Como classificamos o sujeito dessas orações?

d) Qual é a importância do sujeito para a construção das manchetes?

e) Qual é a classificação dos verbos?

5. Há casos em que o pronome pessoal oblíquo tem a função de objeto direto ou indireto. Veja uma lista com os pronomes oblíquos.

me, mim, comigo
te, ti, contigo
se, si, consigo, o, a, lhe
nos, conosco
vos, convosco
se, si, consigo, os, as, lhes

- Indentifique a função dos pronomes oblíquos destacados nas frases como objeto direto ou como objeto indireto.

a) As flores eram lindas. Ele **as** havia comprado para ela naquela manhã. O ramalhete era farto. Entregou-**o** de modo tímido, mas cheio de orgulho.

b) A vendedora chegou, deu-**me** a chave e foi embora.

c) Falou-**nos** a respeito de sua viagem e também sobre suas incríveis aventuras.

87

d) A bola era perfeita. Lancei-**a** e acabei por conseguir uma bela jogada!

e) Contou-**lhes** o mais precioso segredo e pediu sigilo.

f) Meus primos chegaram comigo e logo se enturmaram. Foram convidados para o aniversário e quem **os** levou para a festa foi a própria aniversariante.

PRÁTICA DE LEITURA

Texto 2 - Romance de aventura (fragmento II)

E a história continua. Ao naufragar na ilha deserta, além de resgatar seus apetrechos do navio para a sua sobrevivência física, Robinson Crusoé também tem de lidar com seus conflitos e incertezas... Para isso, resolve fazer alguns registros. Saiba como e por que ele faz isso.

[...] A força da razão assenhoreava-se pouco a pouco de mim e **exalçava-me** o coração abatido; e, a fim de auxiliá-la com todos os meus esforços e convencer-me de que havia alguém mais infeliz do que eu, tracei um quadro comparativo dos bens e dos males. Escrevi-o com a imparcialidade do homem que faz um cálculo fiel do que pagou e do que recebeu.

O mal	O bem
• Estou numa ilha horrorosa, em que naufraguei e de onde não tenho esperanças de sair.	• É verdade; mas estou vivo, não me afoguei como os outros que vinham comigo no navio.
• Fui dizimado e como que segregado do resto do mundo para ser infeliz.	• É verdade; mas se fui separado do resto da equipagem, foi para escapar às garras da morte, e quem me livrou dela também pode restituir-me à situação.
• Vivo numa solidão medonha e banido de todo o convívio dos homens.	• É verdade; mas não passo fome nem estou em perigo de perecer em lugar estéril, que nada produza para sustento.
• Não tenho roupas para me cobrir.	• Sim; mas estou num clima quente em que não é preciso roupa, ainda que a possuísse.

- Estou sem defesa, à mercê dos homens ou dos animais ferozes.

- Sim; mas estou numa ilha onde não vejo animal capaz de me maltratar, como vi na costa da África. Que sorte seria a minha, se tivesse naufragado numa terra daquelas?

- Não há uma única pessoa com quem falar, nem de quem possa esperar socorro!

- É verdade; mas a Providência, por uma espécie de milagre, conduziu o navio para tão perto da terra, que pude ir lá buscar uma quantidade incalculável de objetos, os quais não só me dão presentemente a subsistência, mas colocam-me também em condições de prover as minhas necessidades por longo espaço de tempo, senão por toda a vida.

Ponderado tudo devidamente, segue-se uma consequência de verdade incontestável; e é que não há condição de vida, por miserável que seja, que não tenha os seus prós e contras, o que é evidentemente um favor da Providência; e a experiência do estado mais cruel a que o homem pode ser reduzido, assim como era o meu, fornece a todos esta bela lição: o homem pode sempre achar motivo de consolação quando, no exame dos bens e dos males, fizer pender a balança para o lado bom.

Daniel Defoe. *As aventuras de Robinson Crusoé*. São Paulo: Companhia Editora Nacional, 2005.

Por dentro do texto

1. O que representam o bem e o mal no quadro construído por Crusoé?

2. É possível relacionar as palavras **bem** e **mal** à felicidade e infelicidade da personagem? Explique sua resposta.

3. Por que a personagem nomeia o tipo de organização do registro que fez como "um quadro comparativo"?

4. A personagem estabelece uma oposição entre duas maneiras possíveis de ver a situação em que se encontra. Quais são as expressões que, ao iniciarem as colocações da coluna do bem, marcam essa oposição?

> **Importante saber**
> Em algumas situações, há pessoas que usam uma técnica de **construção de argumentos** que consiste em, a princípio, concordar com a opinião contrária para em seguida rebatê-la com mais intensidade. Podemos reconhecer que, nesse trecho da narrativa de Crusoé, o narrador emprega essa técnica para **defender um ponto de vista**. Nesse trecho da narrativa, portanto, predomina a argumentação.
> Para convencer o leitor de que sua ideia é verdadeira, o narrador-personagem faz menção à sua própria experiência, ou seja, usa as suas vivências como argumento para dar credibilidade àquilo que diz.

Texto e construção

1 Releia o trecho final, após o quadro, e responda.

a) Que ideia, que ponto de vista a personagem defende?

_____

b) Você concorda com a opinião do narrador-personagem? Por quê?

_____

2 A personagem vive as situações solitariamente em uma ilha deserta. Em sua opinião, por que o romance *As aventuras de Robinson Crusoé* pode ser considerado uma narrativa de aventura? Justifique sua resposta.

_____

3 De que maneira você imagina que a obra *As aventuras de Robinson Crusoé* se organiza? Como você deduz que seja a sua extensão e divisão?

_____

Importante saber

Você acabou de ler um trecho do romance em que a personagem principal sai do ambiente familiar e se abre para a aventura e a descoberta. Essa atitude é típica das personagens das narrativas de aventura. Nelas, um dos temas mais frequentes é a viagem, durante a qual uma série de obstáculos e perigos desafiam a coragem e as habilidades humanas do aventureiro.

As narrativas de aventura enfatizam menos a personagem e mais as ações realizadas pelo protagonista. Nessas narrativas, a personagem costuma apresentar o objetivo da aventura logo no início da história. As dificuldades relatadas pela personagem decorrem da situação inicial.

Observe os elementos que costumam estar presentes nessas histórias.

- Viagens por mar, terra ou ar.
- Elementos da cultura do país de origem das personagens.
- Presença de piratas e marujos.
- Lutas e batalhas.
- Presença de muitos verbos de ação.
- O tempo histórico dá lugar ao tempo da aventura: a sequência é mencionada dentro dos acontecimentos, pontualmente. Leia esta sequência.

> A cada momento contava que as ondas nos **engolissem**, e cada vez que o navio **metia** a proa, **receava** que **fosse** até o fundo para não mais se **levantar**. No meio dessa angústia **fiz** promessas repetidas de que se Deus me salvasse dessa viagem, e eu **chegasse** a pôr pé em terra, não **voltaria** em toda a vida a **entrar** em navios para não me **expor** a idênticos desastres; [...]

Existem vários tipos de narrativa. Nesta coleção, você já pôde conhecer a narrativa fantástica, a narrativa de enigma e, agora, foi apresentado à narrativa de aventura. Procure conhecer outras histórias com características semelhantes a essas.

DE OLHO NA ESCRITA

Algumas palavras que despertam dúvidas (II)

1 Há palavras e expressões que podem gerar dúvidas quanto ao seu emprego. Observe a dupla de expressões a seguir.

para eu / para mim

Encaixe as expressões do quadro nas frases a seguir e observe se você teve dúvidas ao empregá-las.

a) Essa tarefa é _____ fazer ainda hoje.

b) Essa tarefa não é _____.

- Agora, conheça as diferenças que marcam o uso de **para mim** ou **para eu**.

> **Importante saber**
> Emprega-se **para eu** quando a preposição rege o verbo que vem depois do "eu".
> Exemplo: Este livro é **para eu** dar de presente.
> Há situações em que a preposição se prende ao pronome oblíquo "mim".
> Exemplos: Este livro é **para mim**.
> **Para mim**, este livro é o melhor.

2 Para verificar se você compreendeu a diferença entre as duas expressões apresentadas, marque (1) para os casos em que a preposição "para" rege o verbo e (2) para os casos em que o pronome oblíquo mim está preso ao verbo.

( ) Esta viagem, para mim, terá uma grande importância.

( ) Esta viagem servirá para eu treinar um pouco o meu inglês.

3 Observando os casos estudados, empregue adequadamente as expressões "para eu" ou "para mim".

a) Gostei da festa que meus tios fizeram _____.

b) Gostei da festa que meus tios fizeram _____ comemorar o meu aniversário.

c) _____, o campeonato de natação superou as expectativas.

d) Minha mãe pediu _____ acompanhar meus primos esta semana.

e) Quem sabe esse tombo não tenha acontecido _____ perceber que não dá para arriscar tanto...

f) _____, cantar é melhor do que dançar.

g) _____ dormir melhor, vou deixar de jantar muito tarde.

h) O jogo, _____, já perdeu a graça!

PRÁTICA DE LEITURA

Texto 3 – Conto

1 Você conhece as palavras **Tatipirun**, **Taquaritu** e **Cambacará**?

_____
_____

2 Na próxima história, os termos em destaque estão nomeando algo. Você imagina o que seria?

_____

3 Como você supõe que poderia ser a terra dos meninos pelados?

_____

A terra dos meninos pelados

Havia um menino diferente dos outros meninos: tinha o olho direito preto, o esquerdo azul e a cabeça pelada. Os vizinhos **mangavam** dele e gritavam:

– Ó pelado!

Tanto gritaram que ele se acostumou, achou o apelido certo, deu para se assinar a carvão, nas paredes: Dr. Raimundo Pelado. Era de bom gênio e não se zangava; mas os garotos dos arredores fugiam ao vê-lo, escondiam-se por detrás das árvores da rua, mudavam a voz e perguntavam que fim tinham levado os cabelos dele. Raimundo entristecia e fechava o olho direito. Quando o aperreavam demais, aborrecia-se, fechava o olho esquerdo. E a cara ficava toda escura.

Não tendo com quem entender-se, Raimundo Pelado falava só, e os outros pensavam que ele estava malucando.

Estava nada! Conversava sozinho e desenhava na calçada coisas maravilhosas do país de **Tatipirun**, onde não há cabelos e as pessoas têm um olho preto e outro azul.

Um dia em que ele preparava, com areia molhada, a serra de **Taquaritu** e o rio das Sete Cabeças, ouviu os gritos dos meninos escondidos por detrás das árvores e sentiu um baque no coração.

– Quem rapou a cabeça dele? Perguntou o moleque do tabuleiro.

– Como botaram os olhos de duas criaturas numa cara? Berrou o italianinho da esquina.

– Era melhor que me deixassem quieto, disse Raimundo baixinho. Encolheu-se e fechou o olho direito. Em seguida foi fechando o olho esquerdo, não enxergou mais a rua. As vozes dos moleques desapareceram, só se ouvia a cantiga das cigarras. Afinal as cigarras se calaram.

Raimundo levantou-se, entrou em casa, atravessou o quintal e ganhou o morro. Aí começaram a surgir as coisas estranhas que há na terra de Tatipirun, coisas que ele tinha adivinhado, mas nunca tinha visto. Sentiu uma grande surpresa ao notar que Tatipirun ficava ali perto de casa. Foi andando na ladeira, mas não precisava subir: enquanto caminhava, o monte ia baixando, baixando, aplanava-se como uma folha de papel. E o caminho, cheio de curvas, estirava-se como uma linha.

Depois que ele passava, a ladeira tornava a empinar-se e a estrada se enchia de voltas novamente.

— Querem ver que isto por aqui já é a serra de Taquaritu? Pensou Raimundo.

— Como é que você sabe? Roncou um automóvel perto dele. O pequeno voltou-se assustado e quis desviar-se, mas não teve tempo. Era um carro esquisito: em vez de faróis, tinha dois olhos grandes, um azul, outro preto.

— Estou frito, suspirou o viajante esmorecendo. Mas o automóvel piscou o olho preto e animou-o com um riso grosso de buzina:

— Deixe de besteira, seu Raimundo. Em Tatipirun nós não atropelamos ninguém.

Levantou as rodas da frente, armou um salto, passou por cima da cabeça do menino, foi cair cinquenta metros adiante e continuou a rodar fonfonando. Uma laranjeira que estava no meio da estrada afastou-se para deixar a passagem livre e disse toda amável:

— Faz favor.

— Não se incomode, agradeceu o pequeno. A senhora é muito educada.

— Tudo aqui é assim, respondeu a laranjeira.

— Está se vendo. A propósito, por que é que a senhora não tem espinhos?

— Em Tatipirun ninguém usa espinhos, bradou a laranjeira ofendida. Como se faz semelhante pergunta a uma planta decente?

— É que sou de fora, gemeu Raimundo envergonhado. Nunca andei por estas bandas. A senhora me desculpa. Na minha terra os indivíduos de sua família têm espinhos.

— Aqui era assim antigamente, explicou a árvore. Agora os costumes são outros. Hoje em dia o único sujeito que ainda conserva esses instrumentos perfurantes é o espinheiro-bravo, um tipo selvagem, de maus bofes. Conhece-o?

— Eu não senhora. Não conheço ninguém por esta zona.

— É bom não conhecer. Aceita uma laranja?

— Se a senhora quiser dar, eu aceito.

A árvore baixou um ramo e entregou ao pirralho uma laranja madura e grande.

— Muito agradecido, d. Laranjeira. A senhora é uma pessoa direita. Adeus. Tem a bondade de me ensinar o caminho?

— É esse mesmo. Vá seguindo sempre. Todos os caminhos são certos.

— Eu queria ver se encontrava os meninos pelados.

— Encontra. Vá seguindo. Andam por aí.

— Uns que têm um olho azul e outro preto?

— Sem dúvida. Toda a gente tem um olho azul e outro preto.

— Pois até logo, d. Laranjeira. Passe bem.

— Divirta-se.

[...] Raimundo deixou a serra de Taquaritu e chegou à beira do rio das Sete Cabeças, onde se reuniam os meninos pelados, bem uns quinhentos, alvos e escuros, grandes e pequenos, muito diferentes uns dos outros. Mas todos eram absolutamente calvos, tinham um olho preto e outro azul.

O viajante rondou por ali uns minutos, receoso de puxar conversa, pensando nos garotos que zombavam dele na rua. Foi-se chegando e sentou-se numa pedra, que se endireitou para recebê-lo. Um rapazinho aproximou-se, examinando-lhe, admirado, a roupa e os sapatos. Todos ali estavam descalços e cobertos de panos brancos, azuis, amarelos, verdes, roxos, cor das nuvens do céu e cor do fundo do mar, inteiramente iguais às teias que as aranhas vermelhas fabricavam.

— Eu queria saber se isto aqui é o país de Tatipirun, começou Raimundo.

— Naturalmente, respondeu o outro. Donde vem você?

Raimundo inventou um nome atrapalhado para a cidade dele, que ficou importante:

— Venho de **Cambacará**. Muito longe.

— Já ouvimos falar, declarou o rapaz. Fica além da serra, não é isto?

— É isso mesmo. Uma terra de gente feia, cabeluda, com os olhos duma cor só. Fiz boa viagem e tive algumas aventuras. [...]

— Espera aí um instante. Quero apresentá-lo à aranha vermelha, amiga velha que me visita sempre. Está aqui, vizinha. Este rapaz é nosso hóspede. [...]

A aranha vermelha balançou-se no fio, espiando o menino por todos os lados. O fio se estirou até que o bichinho alcançou o chão. Raimundo fez um cumprimento.

— Boa tarde, d. Aranha. Como vai a senhora?

— Assim, assim, respondeu a visitante. Perdoe a curiosidade. Por que é que você põe esses troços em cima do corpo?

— Que troços? A roupa? Pois eu havia de andar nu, d. Aranha? A senhora não está vendo que é impossível?

— Não é isso, filho de Deus. Esses arreios que você usa são medonhos. Tenho ali umas túnicas no galho onde moro. Muito bonitas. Escolha uma.

Raimundo chegou-se à árvore próxima e examinou desconfiado uns vestidos daquele tecido que as aranhas vermelhas preparavam. Apalpou a fazenda, tentou rasgá-la, chegou-a ao rosto para ver se era transparente. Não era.

— Eu nem sei se poderei vestir isto, começou hesitando. Não acredito.

— Que é que você não acredita? perguntou a proprietária da alfaiataria.

— A senhora me desculpe, cochichou Raimundo. Não acredito que a gente possa vestir roupa de teia de aranha!

— Que teia de aranha!, rosnou o tronco. Isso é seda e da boa. Aceite o presente da moça.

— Então muito obrigado, gaguejou o pirralho. Vou experimentar.

Escolheu uma túnica azul, escondeu-se no mato e, passados minutos, tornou a mostrar-se, vestido como os habitantes de Tatipirun. Descalçou-se e sentiu nos pés a frescura e a maciez da relva. Lá em cima os discos enormes das vitrolas giravam; as cigarras chiavam músicas em cima deles, músicas como ninguém ouviu; sombras redondas espalhavam-se no chão.

Este lugar é ótimo, suspirou Raimundo. Mas acho que preciso voltar. Preciso estudar a minha lição de geografia.

Graciliano Ramos. *Alexandre e outros heróis*.
São Paulo: Record, 1991.

Por dentro do texto

1 Como eram fisicamente as pessoas e seres de Tatipirun?

___

2 Identifique o trecho do texto em que Raimundo passa de seu lugar de origem para a terra de Tatipirun.

___

3 Ao chegar àquele novo mundo, Raimundo conhece várias personagens. Como elas agem com o menino? Copie do texto um trecho que possa ter como tema uma atitude de gentileza.

___

4 Observe o que diz a aranha a respeito das roupas de Raimundo.

> "Esses arreios que você usa são medonhos."

a) O que a aranha quis dizer com essa frase?

___

b) O que a frase revela sobre a maneira como viviam e sentiam os habitantes da terra visitada pelo menino?

___

c) Raimundo gostou do estilo de vida daquele lugar? Como você chegou a essa resposta?

___

5 Releia o diálogo a seguir, retirado do texto.

> "Uma laranjeira que estava no meio da estrada afastou-se para deixar a passagem livre e disse toda amável:
> — Faz favor.
> — Não se incomode, agradeceu o pequeno. A senhora é muito educada.
> — Tudo aqui é assim, respondeu a laranjeira.
> — Está se vendo. A propósito, por que é que a senhora não tem espinhos?
> — Em Tatipirun ninguém usa espinhos, bradou a laranjeira ofendida. Como se faz semelhante pergunta a uma planta decente?"

- Releia a frase,

> "— Em Tatipirun ninguém usa espinhos, bradou a laranjeira ofendida. Como se faz semelhante pergunta a uma planta decente?".

- Identifique o trecho em que há o emprego de linguagem metafórica e explique a metáfora.

___

6 O que representou o fato de o menino Raimundo ter um olho preto e outro azul e a cabeça pelada na convivência com os meninos da rua onde morava?

___

- E em Tatipirun?

___

Texto e construção

1 Identifique no texto que personagens estão relacionadas aos universos indicados.

a) Ao mundo dos humanos.
_____
_____

b) Ao universo dos objetos materiais (inanimados que se tornaram animados na história).
_____
_____

c) Ao mundo animal.
_____
_____

d) Ao mundo vegetal.
_____
_____

2 Identifique no texto os elementos mágicos presentes na terra dos meninos pelados.
_____
_____
_____
_____
_____

3 Localize e transcreva do texto os seguintes trechos.

a) O trecho descritivo de que você mais gostou.
_____

b) Um trecho que você considere poético, que lhe chame a atenção pela maneira como o autor seleciona e combina as palavras com a intenção de construir o "belo" nesse conto. Explique por que escolheu esse trecho.
_____
_____
_____

4 Complete a tabela a seguir com as informações que faltam. As informações sobre os textos devem responder às perguntas que estão na primeira coluna à esquerda da tabela.

	ROBINSON CRUSOÉ	**RAIMUNDO**
Onde começa a aventura do protagonista?		A sua aventura começa perto de casa. Ele não precisou ir longe para viver essa experiência.
A situação de origem da personagem é confortável ou desconfortável?		
A personagem principal convive com outras pessoas durante a aventura?	A personagem não encontra outras pessoas.	
O conflito da personagem estava num ambiente público ou privado?	O seu conflito estava em casa, na família, no espaço privado.	
Como são resolvidas as necessidades da personagem no novo lugar?		A personagem recebe ajuda de seres mágicos, fantásticos.
O novo lugar apresenta elementos do mundo real ou do mundo mágico?	Apresenta somente elementos do mundo real.	

REFLEXÃO SOBRE O USO DA LÍNGUA

Gerúndio

1. Releia este trecho do texto.

> "Não tendo com quem entender-se, Raimundo Pelado falava só, e os outros pensavam que ele estava **malucando**."

a) Você já tinha ouvido a palavra **malucando**?

_____

b) Foi possível compreender o significado dela?

_____

c) Em qual quadro há a explicação da ideia que o sufixo **-ndo** transmite nessas palavras? Assinale-o.

☐ de ações acabadas, terminadas

☐ de ações em processo, que ainda estão ocorrendo

☐ de ações que ainda vão ocorrer

> **Importante saber**
>
> Os verbos com terminação em **-ndo** correspondem à forma nominal do **gerúndio**. O gerúndio indica um processo, uma ação em curso, ainda não terminada.
>
> Os gerúndios não apresentam flexão. No texto lido, vários verbos foram empregados no gerúndio, dando ao leitor a ideia de atualidade das cenas.

2 Que efeito de sentido o uso do gerúndio provocou no trecho citado no exercício 1?

_____

_____

Aplicando conhecimentos

1 No texto "A terra dos meninos pelados", o gerúndio foi usado mais de uma vez. Nos trechos a seguir, identifique e sublinhe o gerúndio e assinale o que ele expressa nos contextos apresentados.

a) "Encolheu-se e fechou o olho direito. Em seguida, foi fechando o olho esquerdo, não enxergou mais a rua."

( ) O gerúndio marcou a velocidade idêntica com que o olho direito e o esquerdo fecharam.

( ) O gerúndio indica que o olho esquerdo fechou paulatinamente.

b) "Sentiu uma grande surpresa ao notar que Tatipirum ficava ali perto da casa. Foi andando na ladeira, mas não precisava subir enquanto caminhava [...]"

( ) O gerúndio indica que, na cena narrada, o ato de andar ainda está acontecendo.

( ) O gerúndio indica que, na cena narrada, o ato de andar está terminando.

c) "Levantou as rodas da frente, armou um salto, passou por cima da cabeça do menino, foi cair cinquenta metros adiante e continuou a rodar, fonfonando."

( ) O gerúndio indica que, enquanto o carro rodava, parou de buzinar.

( ) O gerúndio indica que, enquanto o carro rodava, a ação de buzinar continuava acontecendo.

2 Suponha que você e seus amigos tenham ido fazer uma trilha a pé. Em determinado momento, vocês se perdem e não sabem mais como voltar. Vocês estão em uma floresta com poucos suprimentos. Escreva uma cena de aventura em que você se depare, nesse ambiente, com alguns perigos. Conte um desses momentos em seu texto e, para narrá-lo, use, entre outras formas verbais, o gerúndio. Lembre-se de que o gerúndio serve para marcar ações em curso, ainda não terminadas.

_____

_____

_____

_____

_____

_____

_____

_____

_____

_____

_____

_____

_____

_____

_____

3 Há situações em que o gerúndio inicia uma nova oração. Pontue as frases a seguir com vírgula, separando as orações.

a) Travou uma luta longa e árdua enfrentando cada situação com habilidade absoluta.

b) Fez a separação dos materiais seguindo as orientações da professora.

c) O quadro foi colocado no centro beirando a coluna principal da sala.

d) Acertou todas as questões da avaliação deixando a todos perplexos.

4 Há situações comunicativas em que podemos encontrar repetições de gerúndio provocando efeitos de sentido diversos. Você também pode usar esse recurso em seus textos. Copie as frases, substituindo os símbolos por gerúndios repetidos. Para cada uma delas, escolha um dos verbos do quadro, de acordo com o sentido dado entre parênteses.

cantar – escorregar – subir – vir

a) Foi ✻; estava cada vez mais perto. (proximidade)

___

___

b) Continuou ✻, até que caiu sentado no chão. (deslocamento)

___

___

c) O balão foi ✻ e desapareceu no céu. (ascensão)

___

___

d) Chegou feliz naquele dia, ✻... (satisfação, euforia)

___

___

5 Faça o que se pede.

a) Qual das frases do exercício anterior pode ter o verbo substituído pelo gerúndio "pulando", sem alterar o sentido dado entre parênteses? Reescreva-a usando o novo verbo.

___

___

b) Uma das frases do exercício anterior pode ter o verbo substituído pelo gerúndio "chegando" sem alterar o sentido dado entre parênteses. Reescreva-a usando o novo verbo.

___

___

PRODUÇÃO DE TEXTO

Que tal montar um livro contendo relatos de Crusoés e contos com acontecimentos mágicos como os que viveu a personagem Raimundo?

PRIMEIRA SUGESTÃO

Você produzirá um relato contando um fato ocorrido na ilha. Com a sua turma, você montará um diário dos Crusoés do 8º ano com todos os relatos. Para isso, proceda da seguinte maneira.

SEGUNDA SUGESTÃO

Escreva um conto para apresentar oralmente numa roda de leitura. O conto deve se passar num lugar mágico como a terra dos meninos pelados. Só que, dessa vez, o narrador protagonista será uma menina. Não esqueça que, na história de Raimundo, o menino sai a caminhar, deslocando-se do mundo real para entrar em uma realidade estranha, cheia de seres mágicos e acontecimentos improváveis. Sendo assim, a história não apresentará as características de uma narrativa de aventura, no estilo de Robinson Crusoé.

O professor poderá fazer um rodízio para que o livro possa ser levado para a casa dos alunos da classe, a fim de que seus familiares e amigos possam lê-lo. Depois, ele poderá ser doado á biblioteca.

PLANEJE SEU TEXTO

Responda a cada um dos itens do quadro como modo de planejamento. Amplie o número de itens, se precisar. Verifique se cumpriu o planejado na hora de avaliar o texto.

PARA ESCREVER O CONTO	
1. Qual é o público leitor do texto?	
2. Que linguagem vou empregar?	
3. Qual é a estrutura que o texto vai ter?	
4. Onde o texto vai circular?	

ORIENTAÇÕES PARA A PRODUÇÃO

1. Se você escolheu a primeira sugestão, proceda da seguinte maneira:
   - Imagine que você é Robinson Crusoé e que lhe aconteceu algo importante, um fato inusitado na sua aventura na ilha.
   - Faça um relato do que aconteceu na forma de uma página de diário.
   - Para criar o fato a ser relatado, você pode considerar, entre outras coisas:
     - a situação que lhe seria mais difícil de encarar;
     - aquilo que você desejaria enfrentar nesta situação;
     - algo que viveria com prazer;
     - alguma coisa que não poderia viver fora da ilha;
     - a presença de um inimigo noturno.
   - Ao produzir o texto, volte ao quadro explicativo sobre as principais características de uma narrativa de aventura, para que seu relato possa apresentar alguns dos itens relacionados.
   - Você poderá extrapolar o texto e imaginar o encontro de Robinson Crusoé com um animal ou outra(s) pessoa(s):
     - Como seria esse encontro? Conflituoso? Amigável?
     - Que características teriam a(s) personagem(ns) ou seres que Crusoé encontrou?
     - A situação acabou bem?
     - Que duração teve a cena? Um dia? Algumas horas? Minutos? Expresse essas informações fazendo uso das expressões de tempo.
   - Quando escrever o texto, não se esqueça de empregar os conteúdos gramaticais que já

conhece e os que foram apresentados neste capítulo. Verifique: os verbos utilizados exigem um complemento? Aproveite a produção escrita para verificar se consegue aplicar seus conhecimentos para construir um texto mais coeso e coerente.

2. Se você escolheu a segunda sugestão, refaça o texto assim como foi sugerido na proposta I, lembrando que os objetivos da proposta II são outros. Pense sobre os aspectos relacionados a seguir.

- A personagem sairá de que espaço e a que outro se dirigirá?
- Que conflitos ela teria com suas colegas que motivaram sua mudança de espaço?
- Em que mundo novo ingressará?
- Que seres mágicos e situações absurdas encontrará?
- Ela voltará ao lugar de origem?

Depois de produzir uma das sugestões, faça a avaliação e reescrita.

AVALIAÇÃO E REESCRITA

1. Para avaliar o texto, retome os itens apresentados anteriormente, nas orientações para a produção.
2. Verifique também:
   - a estruturação dos parágrafos;
   - a adequação do uso dos verbos (com atenção especial aos verbos no passado e no gerúndio);
   - a coerência da sequência dos fatos;
   - o emprego de recursos para criar suspense quando for o caso – pausas por meio de frases interrompidas, pontuação, frases curtas que não contenham todas as informações etc.;
   - a apresentação de elementos relacionados às características da obra original.

Depois de avaliar o texto e passá-lo a limpo em folha de papel indicada pelo professor, junte as páginas produzidas por você às criadas pelos seus colegas e monte com eles um livro único, contendo os relatos e contos de toda a classe. Vocês podem dar títulos diferentes a cada parte do livro: lembre-se de que o livro terá uma parte correspondente aos relatos de aventura e uma parte correspondente aos contos baseados na história vivida por Raimundo na "Terra dos meninos pelados".

LEIA MAIS

Há muitos escritores estrangeiros que escreveram histórias de aventura, mas também há muitos autores brasileiros. Maria José Dupré, por exemplo, escreveu livros com essas histórias que permanecem vivos até hoje. Pesquise e conheça novos autores e obras desse gênero.

A temática da aventura se estende a outros universos. Há quem goste de turismo de aventura e há várias revistas (especializadas ou não) que trazem reportagens sobre esse tema. Do mundo dos esportes radicais ao turismo em geral, as reportagens, documentários, notícias, diários de viagem crescem na mídia e demonstram o interesse dos leitores. Se você também se interessa em ler sobre esses assuntos, aventure-se. Só não se esqueça de obter informações sobre as normas de segurança e as leis que regem essas práticas. Caso suas leituras resultem em um interesse por uma ou outra atividade desse tipo, lembre-se: é importante estar acompanhado de um responsável se decidir escolher e realizar qualquer uma dessas práticas.

PREPARANDO-SE PARA O PRÓXIMO CAPÍTULO

Além dos mundos estranhos que podemos encontrar no nosso planeta, há outros, no espaço sideral, que nos provocam curiosidade. Será que alguém os habita? Se forem habitados, que aparência podem ter seus habitantes? Será que alguém já viu um aventureiro do espaço?

Para saber mais, pesquise sobre esse assunto em livros, jornais e revistas. Anote em seu caderno as informações que julgou mais interessantes e continue sua viagem rumo ao próximo capítulo.

Unidade 3

Entre duas estações

Nesta unidade, você estudará:

- **ADJUNTO ADNOMINAL**

- **ADJUNTO ADVERBIAL**

- **LETRA E FONEMA**

- **REVISÃO: VARIEDADES LINGUÍSTICAS E MARCAS DA ORALIDADE**

- **ORTOGRAFIA:**

- **USO DAS PALAVRAS MAS E MAIS**

- **JOGOS ORTOGRÁFICOS**

PARA COMEÇO DE CONVERSA

Duas estações que correm no tempo! Vamos conhecê-las?

No capítulo 1, a parada será nas histórias de ficção científica. Você vai deparar com ETs e OVNIs, mas não se assuste: nem tudo é realidade nessas histórias. Também vai estudar algumas características de um texto de divulgação científica. Em gramática, conhecerá os adjuntos adnominais e os adverbiais.

No capítulo 2, você vai desembarcar na estação do riso e conhecer como pode ser construído o humor e como ele pode estar presente em diferentes gêneros textuais.

Vamos conversar um pouco sobre esses temas?

1. Muito já se comentou sobre a possibilidade da existência de vida fora do planeta Terra. Você já ouviu falar sobre esse assunto? O que leu em jornais, revistas ou viu na televisão?

2. Para você, o que é ficção científica?

Essas e outras perguntas povoam a imaginação dos homens há muito tempo. Produtores de filmes já exploraram esse tema muitas vezes. Escritores de literatura fizeram a mesma coisa. Esse assunto será tratado no capítulo 1 desta unidade.

3. O capítulo 2 desta unidade trata de humor. Vamos conversar sobre esse assunto.

   a) O que é mais difícil: rir ou fazer rir?

   b) Em sua opinião, o riso faz bem para a saúde, para a mente e para o coração?

   - Tem gente que trabalha para fazer rir; tem gente que paga para dar boas risadas; tem gente que ri de graça, ri à toa... E contagia todo o mundo!

Aguarde para ler os textos de humor do capítulo 2: crônica, anedota, causo. Aproveite e divirta-se!

Capítulo 1 — Com os olhos no céu

PRÁTICA DE LEITURA

Texto 1 – Romance (fragmento)

A seguir, você vai ler trechos do romance *Os semeadores da Via Láctea*. E vai acompanhar uma conversa muito esclarecedora que Alex teve com alguns alienígenas.

Os alienígenas humanoides

[...] Por volta das três da madrugada um zumbido enlouqueceu os cachorros da cidade. Vira-latas e cães de raça uivavam desesperadamente. Pareciam ter escutado vibrações que somente eles captam e os homens jamais percebem. A louca sinfonia canina atravessou as fronteiras de São Paulo e se espalhou em ondas pelas montanhas de Minas.

Alex viu três objetos do tamanho de grandes helicópteros aterrissarem à sua volta. Não teve dúvida de que se tratavam de discos voadores, com *design* parecido com os imaginados pelos artistas de histórias em quadrinhos. Aqueles OVNIs assemelhavam-se a pratos de sopa com as bordas voltadas umas contra as outras. Ao se aproximarem varreram a cerração com rotores especiais, abrindo um círculo de 150 metros de raio.

Seis estranhos seres, com **escafandros** branco-acinzentados, rostos escondidos nos capacetes, cercaram Alex. Carregavam, nos cinturões, misteriosos instrumentos. Suas mãos portavam canos grossos, semelhantes a bazucas. Atiraram ao mesmo tempo, e os **projéteis** acertaram o jovem em cheio.

Alex teve absoluta convicção de que fora aprisionado por extraterrestres.

[...]

Nove estranhos seres o fitavam. Não eram humanos. Nem robôs. Alex presumiu que se tratavam de alienígenas humanoides. [...]

Alguns eram branco-pálidos, outros esverdeados. Todos pareciam ter recebido banhos de bílis, cujos pigmentos amarelados haviam aderido ao corpo, como sardas.

Possuíam cabeça, tronco e membros. Inteiramente carecas, tinham apenas um olho no meio da testa. Este detalhe abalou Alex; mais chocado ficou quando descobriu que possuíam um segundo olho na parte traseira da cabeça. Deviam ter cérebros privilegiados para captar e interpretar sinais em um círculo de 360 graus.

Não contavam com sobrancelhas nem barbas. Os narizes eram finíssimos e alongados. Das narinas saíam chumaços de pelos arruivados. Era a única parte visível dos seus corpos com pelos.

Sete deles mediam cerca de 1 metro e 50. O oitavo era um anãozinho de 1 metro e 20. E o nono era um gigante esquelético de mais de dois metros de altura.

Idade média? Impossível avaliar. Entre trinta e trezentos anos.

Vestiam-se de três maneiras. Alguns com malhas brilhantes, aluminizadas. Outros, com macacões azul-mercurizados. E os terceiros, com uniformes de cor verde-glacial. Estes calçavam sandálias estilo Grécia antiga, e os outros, algo semelhante a galochas.

Os nove conduziam cinturões com esquisitas ferramentas. Alex presumiu que se tratavam de lanternas a *laser*, chaves de fenda espaciais, alicates ou aparelhos de comunicação tipo *bip* ou *walkie-talkie*.
[...]

Revelações sobre viagens dos discos voadores

Grins dissera extra ordinária, separando a palavra, dando à frase um sentido duplo e contraditório. Seria um ET irônico, trocadilhista e gozador? Mas Alex precisava de informações e fora ele o escolhido para responder.

– Quantas vezes os *skissianos* visitaram a Terra? – perguntou Alex.

– Três – disse Grins. – A primeira, pelo calendário de vocês, em 1789.

– Esse ano foi fundamental para a História da Humanidade. A partir daí tudo mudou. Sobrevoaram Paris?

– Sobrevoamos.

– Notaram algo anormal?

– Morticínios. Pancadarias. Tiroteios. Sangue. Cabeças guilhotinadas. Arruaças. Bandeiras desfraldadas. Nada sério. Briguinhas internas, sem importância. Como nosso critério de avaliar o adiantamento de uma civilização é a tecnologia espacial e o sentimento de integração dos seres vivos ao cosmos, nada do que observamos nos interessou. A matança parisiense provou que o homem se encontrava numa idade mental primitiva. Marcamos em nossa agenda para retornar à Terra após 3.000 anos... Pelos nossos cálculos era um tempo suficiente para o homem civilizar-se...

– Por que se anteciparam?

– Uma das nossas sondas de observação astronômica que percorre a Via Láctea incessantemente registrou grande luminosidade na Terra em 1945. Ao analisar as imagens nossos cientistas se surpreenderam com essa novidade cósmica. Mandamos à Terra a espaçonave *Scanfs Digs* – cujo nome significa cidade voadora – com 99 pesquisadores. Em 1960 sobrevoamos o planeta com seis discos voadores, enquanto a nave-mãe permanecia em órbita terrestre. Filmamos campos e cidades. Ficamos impressionados com o progresso da Terra! Em menos de dois séculos vocês haviam inventado artigos de grande utilidade, como cachorro-quente, margarina, café solúvel, batatinha frita...

– Pera lá – interrompeu Alex. – Não cuidamos apenas da culinária.

– Não quis dizer isso – continuou Grins. – Vocês também inventaram metralhadoras, granadas de mão, bomba atômica...

– Não fabricamos apenas armas de guerra – protestou Alex. – Houve quem se preocupasse por outras coisas... Que me diz do avião?

– Seu patrício Santos Dumont goza de muito prestígio entre nós – continuou Grins. – Se ele tivesse se submetido a intervenções cirúrgicas de amputações dos dedos, transferência da posição dos olhos, implantação de novo sexo, teria se transformado num *skissiano* autêntico! Seria um dos nossos heróis espaciais!

– E quanto à luminosidade de 1945? Não vai dizer que foi a bomba atômica! – falou Alex, sem dar importância ao *non sense* de Grins.

– Tenho a desagradável obrigação de dizer que foi. Os terrestres não têm ideia da radiação nefasta que viaja pelo espaço sideral, devido a esse terrível artefato... Se continuarem com essa fúria de destruição, vão infectar a Via Láctea... O Universo inteiro...

Os dois ficaram em silêncio. Com ironia e galhofa, Grins apresentara temas seríssimos para meditação.

– E aí? O que fizeram?

– Deixamos ao redor da Terra sondas de captação de emissões de rádio e televisão e voltamos para Skiss. No trajeto entre o seu e o nosso planeta colocamos no interespaço uma rede com nove estações retransmissoras de imagens e sons. Durante anos gravamos e estudamos programas de vários países da Terra. Trinta e três especialistas decodificaram, traduziram e catalogaram tudo o que havíamos recebido.

– Que aconteceu com esse material?

– Depois de detalhada análise, o grupo recomendou a imediata destruição de 100% dos programas de rádio. E a incineração de 99% dos programas de televisão. Mesmo assim sobrou 1%, de natureza educativa, o suficiente para entendermos a evolução da Terra, desde o começo até hoje.

– E onde está esse material? – interessou-se o terráqueo.

Grins dirigiu-se à parede escamoteável, abriu-a e dela retirou uma latinha semelhante à conhecida de Alex.

– Aí está – disse Grins, abrindo o objeto.

Alex contou 37 cigarrinhos brancos, presos a encaixes, parecidos com os carretéis de linha que sua mãe guardava na caixa de costura.

– Toda a cultura e a História da Terra encontram-se aí? – duvidou Alex, entre incrédulo e decepcionado.

– Toda... – confirmou Grins.

Paulo Rangel. *Os semeadores da Via Láctea*. Rio de Janeiro: Ao Livro Técnico, 1993.

Por dentro do texto

1. Qual é a personagem principal do texto? Quais são as secundárias?

2. Em várias histórias, as personagens são descritas em suas características físicas e psicológicas (jeito de ser, de se comportar, de reagir diante da vida). Essas características podem ser descritas por meio de adjetivos ou por meio das ações das personagens. Retire do texto duas características físicas e duas características psicológicas dos alienígenas.

3. Quais detalhes mais chocaram Alex quanto à aparência desses seres?

4. Alex consegue manter uma troca de informações com os ETs? Explique sua resposta.

5. Por que será que Alex chama os extraterrestres de "alienígenas humanoides"?

6. Os acontecimentos de Paris, em 1789, eram relevantes para os extraterrestres? Por quê?

7. Por que os extraterrestres teriam incinerado 99% dos programas de televisão? Que ideia o autor do texto quis nos transmitir nesse trecho?

8 Por que Alex ficou "entre incrédulo e decepcionado" ao ver onde estavam guardadas toda a cultura e história da Terra?

_____

9 Para recuperar a sequência da parte "Revelações sobre viagens dos discos voadores", complete o quadro a seguir com as informações principais da história, organizadas na ordem em que os fatos ocorreram. Oriente-se pelas questões abaixo para encaminhar sua leitura e seus registros, e insira outras informações que achar importantes.

Questões para recuperar a sequência dos acontecimentos

a) Quando foi a primeira aparição desses alienígenas no planeta Terra? O que eles viram nessa data?

b) O que os alienígenas viram em 1945? O que esse tipo de atitude do homem representa para a Via Láctea? Que atitude os alienígenas tomaram diante disso?

c) Quando retornaram à Terra? O que o alienígena indicou como positivo no planeta?

	ACONTECIMENTOS
1.	
2.	
3.	

Texto e construção

1 Considerando que um texto científico se baseia em conhecimentos objetivos e comprovados por uma área de conhecimento que apresenta provas a respeito dos fatos narrados, responda: o texto lido é um texto de ficção ou um texto científico?

_____

2 Leia este verbete.

> **ficção científica**
> Rubrica: cinema, literatura, televisão.
> obra artística cujo enredo especulativo, imaginário, baseia-se de um modo plausível ou viável em conhecimentos científicos da atualidade.
> *Dicionário eletrônico Houaiss da Língua Portuguesa*. Rio de Janeiro: Objetiva, 2001.

3 Releia agora este trecho do texto.

> "Uma das nossas sondas de observação astronômica que percorre a Via Láctea incessantemente registrou grande luminosidade na Terra em 1945. Ao analisar as imagens nossos cientistas se surpreenderam com essa novidade cósmica. Mandamos à Terra a espaçonave *Scanfs Digs* – cujo nome significa cidade voadora – com 99 pesquisadores."

a) O texto que conta a história de Alex, mesmo sendo uma obra de ficção (narrativa fruto da imaginação), apresenta elementos relacionados com o universo científico. Retire do trecho acima algumas palavras ou expressões que comprovam essa afirmação.

_____

_____

b) Na sua opinião, por que o texto faz referência a conhecimentos científicos numa obra de ficção?

_____

_____

_____

c) Com base na leitura do texto e no verbete, é possível deduzir que a história que você leu é uma obra de ficção científica? Por quê?

_____

_____

_____

_____

> **Importante saber**
>
> Uma obra que trata de fatos imaginários baseados em dados científicos é chamada de **ficção científica**.
>
> As obras de ficção científica apresentam alguns elementos comuns às narrativas de aventura, como, por exemplo: deslocamento para lugares novos, situações que oferecem perigo e exigem habilidade de quem as enfrenta, situações de luta, de batalha etc.
>
> No caso de algumas narrativas de ficção científica, as batalhas costumam ser travadas no espaço sideral contra seres de outros planetas, de mundos desconhecidos. Muitas histórias de ficção apresentam também uma antecipação (previsão) do desenvolvimento científico e personagens dotadas desse saber, o que garante a elas a habilidade de resolver os problemas ou criar inovações com base nos conhecimentos que possuem. Todos esses elementos contribuem para que a história pareça mais verdadeira ao leitor.

4 Você conhece outra história em livro ou em filme que pode ser chamada de ficção científica? Justifique sua resposta.

_____
_____
_____
_____
_____

REFLEXÃO SOBRE O USO DA LÍNGUA

Adjunto adnominal

1 Releia um trecho do texto 1.

> "Seis estranhos **seres**, com **escafandros** branco-acinzentados, **rostos** escondidos nos capacetes, cercaram Alex. Carregavam, nos cinturões, misteriosos **instrumentos**. Suas **mãos** portavam **canos** grossos, semelhantes a bazucas. Atiravam ao mesmo tempo, e os **projéteis** acertaram o **jovem** em cheio."

• Compare esse trecho com o parágrafo a seguir.

> **Seres** com **escafandros**, **rostos** nos capacetes, cercaram Alex. Carregavam, nos cinturões, **instrumentos**. **Mãos** portavam **canos**. Atiraram ao mesmo tempo, e **projéteis** acertaram **jovem** em cheio.

2 Após comparar os dois trechos, assinale a alternativa correta: o que foi omitido na segunda versão do parágrafo?

( ) Foram omitidas as palavras e expressões sublinhadas, que correspondem a ações.

( ) Foram omitidas as palavras e expressões sublinhadas, que nomeiam objetos e seres.

( ) Foram omitidas as palavras e expressões sublinhadas, que caracterizam, especificam e distinguem os substantivos em destaque.

3 Com relação ao texto, que prejuízo é observado no segundo caso?

_____
_____
_____

4 A quais classes gramaticais pertencem as palavras e expressões sublinhadas no primeiro trecho?

_____
_____
_____

Importante saber

Ao termo que acompanha o substantivo para qualificá-lo ou modificá-lo é dado o nome de **adjunto adnominal**.

Os adjuntos adnominais podem ser formados por:

- artigo
- adjetivo ou locução adjetiva
- pronome
- numeral

Aplicando conhecimentos

1 Localize os adjuntos adnominais dos substantivos destacados e indique a classe gramatical a que pertencem.

a) Nove estranhos **seres** o fitavam.
_____

b) Por volta das três da madrugada um **zumbido** enlouqueceu os **cachorros** da cidade.
_____

c) Sonhava em resolver esses **problemas**.
_____

d) Vocês também inventaram metralhadoras, **granadas** de mão, **bomba** atômica.
_____

2 Observe o seguinte trecho.

> "Os narizes eram **finíssimos** e **alongados**. Das narinas saíam chumaços de pelos **arruivados**."

a) Qual é a classe gramatical das palavras destacadas?

_____

b) Apesar de pertencerem todas à mesma classe gramatical, essas palavras não possuem a mesma função sintática. Explique por quê.

_____
_____
_____

c) Como podemos perceber se um adjetivo é um predicativo do sujeito ou um adjunto adnominal?

_____
_____
_____
_____

3 Leia as frases, observe as palavras ou expressões destacadas e copie na coluna ao lado apenas as que são adjuntos adnominais.

a) Fiquei com **uma** sensação **estranha** ao ler o **livro**.	
b) As viagens espaciais são **possíveis** e **caríssimas**.	
c) João é louco **por** ficção **científica**.	
d) As pessoas **famosas** têm poucos momentos **de privacidade**.	
e) Já estamos **cansados** de tantas fantasias.	
f) Os alienígenas são **frutos da imaginação**.	
g) **Mãe**, **a** Bruna chegou.	
h) Eu irei descobrir **a** verdade **sobre os três meninos desaparecidos**.	

116

4 Localize, nestas frases retiradas do texto, os adjuntos adnominais.

a) Nove estranhos seres o fitavam.
___

b) Deviam ter cérebros privilegiados.
___

c) Vestiam-se de três maneiras.
___

d) Alguns com malhas brilhantes, aluminizadas.
___

e) Não fabricamos apenas armas de guerra.
___

f) Que aconteceu com esse material?
___

g) Não vai dizer que foi a bomba atômica?
___

PRÁTICA DE LEITURA

Texto 2 – Notícia

Casa Branca nega ter provas de existência de vida extraterrestre

Governo americano reage a petições assinadas por 17 mil pessoas, pedindo a liberação de documentos secretos do governo sobre extraterrestres

Pode haver vida extraterrestre em algum lugar do espaço, mas a Casa Branca não tem qualquer evidência de contatos entre alienígenas e humanos. Foi o que garantiu nesta segunda-feira o ex-encarregado americano de política espacial e comunicações Phil Larson.

"O governo americano não tem evidência de que exista qualquer forma de vida fora do nosso planeta, ou que qualquer extraterrestre tenha mantido contato com alguém aqui na Terra", afirmou Larson. "Também não existe informação crível de que qualquer evidência esteja sendo ocultada do público." A declaração é uma resposta a duas petições, que reuniram 17 mil assinaturas, pedindo a liberação de documentos secretos do governo sobre extraterrestres.

Larson admitiu que "muitos cientistas e matemáticos chegaram à conclusão de que há possibilidades bastante altas de que em algum lugar entre trilhões e trilhões de estrelas no universo exista um planeta, além do nosso, que abrigue vida". "Mas muitos também acreditam que as possibilidades de contato com alienígenas – especialmente uma forma de vida inteligente – são extremamente baixas devido às distâncias envolvidas". "Isto é apenas estatística e especulação. O fato é que não temos evidência crível da presença de extraterrestres na Terra."

(com Agência EFE)

Veja, 8 nov. 2011. Disponível em: <http://veja.abril.com.br/noticia/ciencia/casa-branca-nega-existencia-de-vida-extraterrestre>. Acesso em: 20 fev. 2012.

Por dentro do texto

1) Qual é a informação mais importante transmitida pela notícia? Em qual parte do texto ela pode ser localizada?

2) Geralmente, no início de notícias e reportagens aparece o *olho* da matéria, que é um trecho escrito em destaque, complementando as informações dadas no título. Releia o olho da notícia estudada.

> Governo americano reage a petições assinadas por 17 mil pessoas, pedindo a liberação de documentos secretos do governo sobre extraterrestres

- Que informação complementar à manchete esse olho traz?

3) Levante uma hipótese: por que as informações contidas no olho são retomadas ao longo da notícia?

4) Phil Larson nega que o Governo americano tenha provas sobre a existência de vida extraterrestre. Porém, ele não descarta a possibilidade dessa existência. Que verbo o jornalista usou para mostrar que Larson reconhece essa possibilidade?

5) Por que, segundo o texto, as possibilidades de um contato com alienígenas são mínimas?

_____
_____
_____

PRÁTICA DE LEITURA

Texto 3 – **Charge**

Observe a charge reproduzida ao lado. Depois, responda às perguntas seguintes.

Fabiano dos Santos. *Koizas da vida*. Disponível em: <http://www.fabianocartunista.com/imagens/tirinhas>. Acesso em: 20 fev. 2012.

Por dentro do texto

1) Charge é um estilo de ilustração que tem por finalidade satirizar algum acontecimento ou fato social. Mais do que um simples desenho, esse gênero textual é uma crítica político-social em que o artista expressa seu ponto de vista. É muito comum charges se originarem de notícias.

a) Nessa charge, o que é criticado?

_____
_____
_____

b) Possivelmente, que notícia pode ter gerado essa charge? Como você chegou a essa conclusão?

_____

_____

2 O elemento visual é característica presente em toda e qualquer charge e proporciona maior compreensão da crítica que o chargista pretende passar. Em muitos casos, a linguagem verbal se alia à imagem para enriquecer o discurso elaborado, servindo apenas como acessório.

a) No caso dessa charge, se não houvesse as frases do balão, você acha que seria possível entender o que é criticado? Explique.

_____

_____

_____

b) Para representar problemas socioambientais, o chargista usou algumas imagens. Complete a tabela determinando de que forma cada problema foi representado.

PROBLEMA AMBIENTAL	REPRESENTAÇÃO
Desmatamento	Árvores cortadas
	Fogo
Poluição do ar	
Poluição marinha	
Lixo radioativo	
Falta de saneamento básico	
	Fábrica despejando resíduos em um manancial
Especulação imobiliária nas áreas costeiras	
	Baleia ferida

c) O chargista não completa a frase de um dos alienígenas. Porém, a partir da imagem, o leitor é capaz de pressupor a continuação. O que provavelmente seria dito? Como a imagem nos induz a essa conclusão?

_____

_____

_____

_____

120

PRÁTICA DE LEITURA

Texto 4 – Texto de divulgação científica

Vem aí o fim do mundo, mas não será neste ano

Giuliana Miranda
de São Paulo

Resigne-se: o mundo vai mesmo acabar. Isso só não deve ser em 2012, como muita gente anda dizendo por aí.

Daqui a 1 bilhão de anos, nosso planeta estará fadado à morte certa, com um futuro de temperaturas escaldantes insustentáveis para a manutenção da vida. O culpado? O Sol, a caminho de uma espécie de velhice estelar.

"Faz parte da evolução das estrelas do tipo do Sol. Quando o hidrogênio de seu núcleo vai acabando, a consequência é a estrela aumentar. Isso interfere em seu brilho e na energia que chega à Terra", diz Gustavo Rojas, astrofísico da UFSCar (Universidade Federal de São Carlos).

Embora a presença de vida (ao menos por enquanto) seja exclusividade do Sistema Solar, nossa estrela é de um tipo bastante comum Universo afora.

As estrelas são amontoados de gás incandescente, sobretudo hidrogênio. No núcleo, os átomos se chocam em um ambiente de altíssima pressão, desencadeando a chamada fusão nuclear. Esse processo gera muita energia e permite que a estrela tenha um tamanho estável.

O problema é que esse combustível não dura para sempre e, à medida que ele vai acabando, outro elemento, o hélio (resultado da fusão do hidrogênio), começa ele mesmo a ser fundido.

Essa substituição faz com que as camadas externas da estrela se expandam. É como se o calor se espalhasse pela extensão da estrela, que fica mais fria e, portanto, mais avermelhada. É esse futuro como gigante vermelha que espera o Sol daqui a pelo menos 5 bilhões de anos.

Seu tamanho deverá aumentar em torno de 200 vezes, o suficiente para "engolir" Mercúrio, Vênus e, muito provavelmente, a Terra.

As condições de vida por aqui, porém, irão se deteriorar bem antes disso.

"Daqui a 1 bilhão de anos, com o aumento do brilho do Sol, os oceanos já terão evaporado. Até as rochas derreterão. A vida já terá acabado", diz Carolina Chavero, do Observatório Nacional, no Rio.

Tudo isso ainda levará muito tempo para acontecer, mas já existem cientistas propondo alternativas à aniquilação da humanidade. Uma delas seria a migração.

"A zona habitável [região em que há água no estado líquido] do Sistema Solar também mudará. Regiões antes muito frias vão esquentar", diz Gustavo Rojas. Uma boa primeira parada seria Marte.

O "descanso", porém, seria temporário. O Sol logo começaria a fritar também a superfície marciana.

Em mais alguns bilhões de anos, o chamado cinturão de Kuiper, onde fica Plutão, é que terá condições ideais.

Soluções mais malucas, como um guarda-sol para barrar parte da luz estelar, e até um complexo sistema que usaria a força gravitacional de cometas para "empurrar" a Terra para outra órbita, também já foram pensadas.

Giuliana Miranda. *Folha de S.Paulo*, 2 jan. 2012. Disponível em: <http://www1.folha.uol.com.br/ciencia/1028800-vem-ai-o-fim-do-mundo-mas-nao-sera-neste-ano.shtml>. Acesso em: 22 fev. 2012.

Por dentro do texto

1 Qual é o assunto tratado no texto?

2 Para iniciar o primeiro parágrafo a jornalista usou uma forma verbal no imperativo, "Resigne-se". Observe alguns dos significados do verbo **resignar**:

    I. Demitir-se de   II. Renunciar   III. Conformar-se

- Qual desses significados melhor se aplica ao texto lido? Por quê?

3 Para explicar a morte do planeta Terra daqui a 1 bilhão de anos, no segundo e terceiro parágrafos, a autora mostra uma relação de causa e consequência em que um fator levará ao outro. Observe:

diminuição do hidrogênio → aumento do Sol →
→ temperatura escaldante → morte do planeta

- Considerando esses fatores, responda:

a) Qual é a causa da morte do planeta?

b) Qual é a consequência da temperatura escaldante?

c) Qual é a causa do aumento do Sol?

d) Qual é a consequência do aumento do Sol?

e) Qual é a consequência da diminuição do hidrogênio do Sol?
_____

4 Em alguns momentos do texto, a jornalista usou aspas.

a) Com que intenção as aspas foram empregadas nos seguintes trechos:

> I. "Daqui a 1 bilhão de anos, com o aumento do brilho do Sol, os oceanos já terão evaporado. Até as rochas derreterão. A vida já terá acabado", diz Carolina Chavero, do Observatório Nacional, no Rio.

_____
_____

> II. Seu tamanho deverá aumentar em torno de 200 vezes, o suficiente para "engolir" Mercúrio, Vênus e, muito provavelmente, a Terra.

_____
_____

b) Copie um outro trecho em que as aspas marcaram o depoimento de alguém.
_____
_____
_____

5 Considerando a profissão ou o lugar em que trabalham, qual é a importância da reprodução das falas de Gustavo Rojas e de Carolina Chavero para esse texto?
_____
_____
_____

6 A reportagem apresenta vários termos científicos. Copie três exemplos desses termos.
_____
_____
_____

7 Sobre o texto lido, assinale a alternativa que melhor o descreve.

☐ É um texto impreciso, já que não se é possível afirmar com certeza nada do que é divulgado nele.

☐ É um texto em que prevalece a impessoalidade e que se apoia em pesquisas e fatos.

☐ É um texto persuasivo que tenta convencer o leitor sobre o fim do mundo.

> **Importante saber**
>
> O **texto de divulgação científica** permite o acesso do público leitor às informações do mundo da ciência.
>
> A linguagem desse gênero de texto é marcada pela objetividade, dando a impressão de neutralidade por parte de quem o escreve, e pode ser mais ou menos coloquial, dependendo dos objetivos do jornalista e do público leitor.
>
> O texto pode ser acompanhado por imagens ou por infográficos que ampliam a explicação de maneira didática, com o intuito de tornar mais acessível ao leitor o tema abordado. Infográficos são textos enxutos com presença de elementos gráfico-visuais que servem para complementar ou ilustrar outro texto.

REFLEXÃO SOBRE O USO DA LÍNGUA

Adjunto adverbial

1 Leia o parágrafo a seguir.

> Fábio apoiou-se **no travesseiro** e escutou **com atenção**, o coração batendo **depressa** enquanto pensava. Seu pai havia lhe explicado que algumas madeiras estalavam **durante a noite** por causa da queda de temperatura. Mas aquele ruído era... diferente. Era sinistro. **Não** se parecia nadinha com o estalo de algum móvel maluco.

- A expressão **no travesseiro** está dando uma informação a respeito do lugar onde Fábio se apoiou. Que tipo de informação os outros trechos destacados acrescentam ao parágrafo?

_____
_____
_____
_____
_____

2 Qual é a importância das palavras que foram destacadas no trecho?

_____
_____
_____
_____
_____

3. Localize e sublinhe, no trecho a seguir, palavras ou expressões que indiquem tempo ou lugar.

Fotografia do homem do espaço em Solway Firth

Em 23 de maio de 1964, o bombeiro Jim Templeton tirou três fotos de sua filha de 5 anos durante uma viagem para Burgh Marsh, com vista para o Solway Firth em Cumbria, na Inglaterra. As únicas pessoas relatadas na área pantanosa aquele dia eram um par de velhas senhoras, e animais muito longe da localidade da foto. Na segunda imagem da menina, uma figura branca pode ser vista no que parece ser um traje espacial. Jim insiste que ele não viu a figura até que suas fotografias foram reveladas. Analistas da Kodak confirmaram que a foto era genuína. Até este dia, a imagem permanece inexplicada e uma fonte de fascínio internacional. [...]

Disponível em: <http://hypescience.com/10-teorias-misteriosas-e-antigas-sobre-alienigenas/>. Acesso em: 22 fev. 2012.

Importante saber

Chamamos de **adjunto adverbial** ao termo que modifica o verbo, o adjetivo ou outro advérbio.

O adjunto adverbial expressa as circunstâncias em que uma situação ocorreu. Sendo assim, podemos afirmar que existem, entre outros, adjuntos adverbiais de:

- tempo
- modo
- lugar
- causa
- afirmação
- negação
- dúvida
- intensidade

Aplicando conhecimentos

1. Leia esta história em quadrinhos.

a) Os quadrinhos apresentam duas narrativas vivenciadas pela personagem Calvin: uma que pertence à sua imaginação e outra que corresponde à sua realidade. Determine a narrativa do mundo imaginário e a do real.

___

b) Que fato traz Calvin de volta à realidade?

___

c) Que elemento do texto demonstra que, apesar de voltar à realidade, Calvin ainda está num processo criativo, dando continuidade à história imaginada?

___

2 Quais são os adjuntos adverbiais de lugar que aparecem na história de Calvin? Qual é a importância dessas informações aos leitores da história?

___

3 Retire do segundo quadrinho um exemplo de adjunto adverbial e indique que circunstância ele transmite.

___

4 Observe agora a frase seguinte e responda: qual é a circunstância expressa pelo adjunto adverbial destacado?

> "Nosso herói **miraculosamente** faz uma aterrissagem de 3 pontos."

5 Reescreva as frases a seguir substituindo as expressões destacadas por apenas uma palavra que indique a circunstância expressa pelo adjunto adverbial. Veja um exemplo.

Fábio aproximou-se **com receio**.
Fábio aproximou-se **receosamente**.

a) Fábio escutou **com atenção**.

b) **Com certeza**, não tinha rosto.

c) **De repente**, surgiu um pensamento em sua mente.

d) Fábio caminhava **em silêncio**.

6 Observe o emprego dos advérbios no bilhete a seguir.

> Rô,
> Li o recado que você deixou sobre a minha mesa. Fico **muito**, mas **muito**, **muito** feliz mesmo em saber que não ficou magoada comigo depois de ontem à noite, quando nos desentendemos. Espero ainda hoje encontrar com você para fazermos as pazes com muitos abraços e beijinhos. Te adoro!
> Beto.

a) Qual é o efeito produzido pela repetição do adjunto adverbial em destaque?

b) Identifique os adjuntos adverbiais usados no bilhete e indique as circunstâncias que expressam.

127

7 Para organizar o que aprendeu e se preparar para o que vai aprender na próxima unidade, monte um quadro, em seu caderno, com conceitos e exemplos dos seguintes tópicos: tipos de sujeito, tipos de predicado, transitividade verbal e termos acessórios da oração (adjuntos adverbiais e adjuntos adnominais).

DE OLHO NA ESCRITA

Mas e mais

1 Observe a frase a seguir.

> Fábio já se deitara, **mas** continuava acordado.

- Que tipo de relação a palavra **mas** estabelece na frase? Explique sua reflexão.

2 Agora observe o seguinte trecho da reportagem de divulgação científica.

> "Soluções **mais** malucas, como um guarda-sol para barrar parte da luz estelar, [...] também já foram pensadas."

a) A palavra **mais** tem o mesmo significado da palavra **mas** destacada na frase do exercício 1? Explique sua resposta.

b) Qual é o significado da palavra **mais** empregada nesse trecho da reportagem?

3 Releia este trecho do texto.

> "A princípio achou que podia ter sido só uma impressão, um truque de sons, assim como o eco, mas o ruído se repetiu. Desta vez, mais próximo."

a) Qual é o efeito provocado pela palavra **mais** nesse trecho do texto?

b) Que efeito a oposição de ideias provoca no trecho lido?

Importante saber

Empregamos **mas** para ligar pensamentos que contrastam entre si, que se opõem.

As palavras **mas**, **porém**, **contudo**, **entretanto** e **todavia** são sinônimas, deste modo, você poderá alternar o uso delas em seus textos.

Empregamos **mais** (advérbio) para indicar intensidade e quantidade.

Veja.

Os ETs estavam cada vez **mais** próximos de nós. (intensidade)

Eles queriam realizar **mais** experiências no planeta Terra. (quantidade)

4) Escolha um ou dois textos produzidos por você neste ano e verifique neles a presença das palavras **mas** e **mais**. Observe se elas foram empregadas adequadamente. Reescreva o texto fazendo as correções necessárias.

5) Complete as frases com **mais** ou **mas**. Fique atento ao contexto.

a) Fábio ficou curioso com a intensa luz que lhe invadia o cérebro, _____ o medo afastava a vontade de prestar atenção àquela mensagem.

b) O que é _____ interessante nas narrativas de ficção científica é o fato de elas criarem um mundo em que dados do conhecimento científico estão presentes.

c) Antes de _____ nada espero que vocês não se assustem, afinal essas histórias não são verídicas. _____ o povo acredita nelas.

PRODUÇÃO DE TEXTO

Para realizar as propostas de produção, leia o texto a seguir. Você perceberá que ele foi interrompido num momento importante da história. O seu desafio será dar continuidade a ele. Acompanhe os acontecimentos que ocorreram com Fábio, a personagem principal.

A coisa

Devia ser mais ou menos meia-noite.

Fábio já se deitara, mas continuava acordado. Sua mãe dormia no quarto do fim do corredor e deixara a porta entreaberta para o caso de ele precisar de algo durante a noite. A casa estava silenciosa, estranhamente quieta, quando aquilo o surpreendeu.

O barulho partiu de algum lugar a sua esquerda. Um ruído arrastado, seco. Inexplicável. Fábio lia uma revistinha quando o escutou pela primeira vez. A princípio achou que podia ter sido só uma impressão, um truque de sons, assim como o eco, mas o ruído se repetiu. Desta vez, mais próximo.

Fábio apoiou-se no travesseiro e escutou com atenção, o coração batendo depressa enquanto pensava. Seu pai havia lhe explicado que algumas madeiras estalavam durante a noite por causa da queda de temperatura. Mas aquele ruído era... diferente. Era sinistro. Não se parecia nadinha com o estalo de algum móvel maluco.

Olhou em torno, receoso. Aquela inquietante sensação de que estava sendo observado persistia. Virou-se para espiar debaixo da cama, conferir se tudo andava bem por ali. Foi nesse instante que percebeu um movimento atrás de si. Um deslizar suave, quase sorrateiro. Então voltou-se, lentamente. Um arrepio de medo e surpresa percorreu seu corpo ao ver a estranha criatura, ali parada, olhando-o.

Ela estava no canto mais escuro do quarto, ao lado do guarda-roupa. Uma massa disforme, escura e gelatinosa que... flutuava. Seu corpo, úmido e volumoso, tinha a aparência de uma grande esponja, com pequenos orifícios que se abriam e fechavam. Certamente não tinha rosto. Seus olhos mais pareciam dois buracos vazios, mas Fábio podia jurar ter visto algo brilhar, lá dentro. Quando a Criatura viu Fábio espiando, soltou um grunhido esquisito e as ventosas de seu corpo começaram a produzir um fluido gosmento que borbulhou, pingou no chão e se espalhou pelo carpete do quarto.

Por um instante, Fábio ficou paralisado. Depois recuou, sentindo vontade de vomitar. Estava atordoado, mal podia respirar. Quis se levantar da cama e sair depressa dali, mas não foi capaz de fazer nenhum movimento. Ficou parado, à espera de que a Criatura, repentinamente, arreganhasse a boca para devorá-lo.

No entanto, foi novamente surpreendido pelos fatos. O pensamento surgiu de modo inesperado, numa explosão de luz em sua mente. Estava recebendo uma mensagem clara e precisa, como se uma voz falasse dentro de sua cabeça. Fábio escutou, maravilhado.

Seu medo acabara de sumir.

Flávia Muniz. *Viajantes do infinito*. São Paulo: Moderna, 1991.

Combine, com o professor e os colegas, a data para ler as produções de todos.

PRIMEIRA SUGESTÃO

Dê continuidade à história, contando como Fábio passou a caracterizar aquele estranho ser.

SEGUNDA SUGESTÃO

Junte-se com um colega e releia o texto 1, "Os alienígenas humanoides".

Inspirando-se nesse trecho de romance, crie com seu colega um conto de ficção científica cujo tema seja a descoberta de vida fora da Terra.

PLANEJE SEU TEXTO

Responda a cada um dos itens do quadro como modo de planejamento. Amplie o número de itens, se precisar. Verifique se cumpriu o planejado na hora de avaliar o texto.

PARA ESCREVER O CONTO DE FICÇÃO CIENTÍFICA	
1. Qual é o público leitor do texto?	
2. Que linguagem vou empregar?	
3. Qual é a estrutura que o texto vai ter?	
4. Onde o texto vai circular?	

ORIENTAÇÕES PARA A PRODUÇÃO

Se você optou pela primeira sugestão, dê continuidade à história, considerando as sugestões a seguir.

1. Descreva como Fábio passou a caracterizar aquele estranho ser. Empregue adjetivos. Faça comparações.
2. Expresse outras emoções, outros sentimentos que tomaram conta de Fábio depois de ouvir a mensagem.
3. Crie expectativa. Não diga de imediato qual foi a mensagem. Relate as próximas ações de Fábio: o que ele fez depois que o medo foi embora?
4. Narre as ações e reações da "coisa" e de Fábio.
5. Termine a narração revelando a(s) mensagem(ns) transmitida(s) pela criatura.
6. Organize os fatos de maneira lógica, coerente, ou seja, de forma que faça sentido para o leitor.
7. Mantenha o mesmo nível de linguagem empregado pelo narrador do texto. É preciso também observar, com atenção, o tempo e o lugar onde os fatos transcorrem para não cair em contradição.
8. Fique atento ao emprego dos tempos verbais. Observe o uso do pretérito perfeito ao relatar as ações de Fábio e da "coisa" (soltou, recuou, começaram, surgiu, espalhou etc.). Observe também o uso do pretérito imperfeito para criar o cenário e o clima dos acontecimentos, dar ideia de continuidade das ações (continuava acordado, estava, lia, havia, parecia). Observe que o emprego do presente do indicativo é incoerente com a estrutura narrativa do texto.

Se você e seu colega optaram pela segunda sugestão, escrevam sua história considerando as sugestões a seguir.

1. Procurem outras fontes de informações para enriquecer o seu conto de ficção científica. Leiam artigos de revistas e jornais que falem desse assunto. Juntem, então, informação com imaginação e produzam o texto.
2. Aproveitem os itens de orientações indicados para a produção da primeira sugestão que sirvam também como orientação à segunda proposta.
3. Façam um roteiro antes de escrever o texto:
   - O que vamos contar?
   - Que personagens vamos criar? Quais são as suas características?
   - Onde elas estão? Como é esse lugar?
   - Quando o fato aconteceu? Como aconteceu?

- Em que ordem vamos contar a história (começo, meio e fim; fim, começo e meio; ou meio, fim e começo)?
- Vamos criar suspense?

AVALIAÇÃO E REESCRITA

1. Verifique se o seu texto apresenta os elementos principais de uma narrativa.
2. O leitor perceberá que se trata de um conto de ficção científica? A ambientação, as personagens, os elementos textuais permitem ao leitor identificar o gênero?
3. O texto foi organizado em parágrafos? Caso tenha empregado discurso direto, observe o uso de parágrafo, travessão e verbos de elocução. Observe se misturou a voz do narrador com a voz da personagem.
4. A linguagem usada nos diálogos está adequada ao perfil das personagens? A linguagem usada para marcar a voz do narrador está adequada ao público leitor?
5. Há algum acontecimento importante que deixou de explicitar? Em caso afirmativo, modifique trechos da produção.
6. Depois dos ajustes, passe o texto a limpo e leia-o antes da apresentação coletiva.

PREPARANDO-SE PARA O PRÓXIMO CAPÍTULO

Faça uma pesquisa sobre o nome de alguns gêneros textuais que apresentam humor e anote-os em seu caderno. Depois compare suas respostas com as de seus colegas e responda à seguinte questão:

Rir é um bom remédio? Por que tantos autores produzem textos de humor?

Capítulo 2 — Estação do Riso

PRÁTICA DE LEITURA

Texto 1 - Crônica

Antes de ler

1. Ao olhar para a estrutura do próximo texto e para a maneira como está organizado na folha, você vê algo diferente, que chame a atenção? O que você pode concluir sobre esse novo texto?

2. Leia o trecho seguinte, retirado do texto que você vai ler.

> "Um dia se cruzam na rua. Um ia numa direção, o outro na outra. Os dois se olharam, caminharam mais alguns passos e se viraram ao mesmo tempo, como se fosse coreografado."

- De que gênero pode ser o texto do qual esse trecho faz parte?

Amigos

Os dois eram grandes amigos. Amigos de infância. Amigos de adolescência. Amigos de primeiras aventuras. Amigos de se verem todos os dias. Até mais ou menos 25 anos. Aí, por uma destas coisas da vida – e como a vida tem coisas! – passaram muitos anos sem se ver. Até que um dia...

Um dia se cruzam na rua. Um ia numa direção, o outro na outra. Os dois se olharam, caminharam mais alguns passos e se viraram ao mesmo tempo, como se fosse coreografado. Tinham-se reconhecido.

– Eu não acredito!

– Não pode ser!

Caíram um nos braços do outro. Foi um abraço demorado e emocionado. Deram-se tantos tapas nas costas quantos tinham sido os anos da separação.

– Deixa eu te ver!
– Estamos aí.
– Mas você está careca!
– Pois é.
– E aquele bom cabelo?
– Se foi...
– Aquela cabeleira.
– Muito Gumex...
– Fazia sucesso.
– Pois é.
– Era cabeleira pra derrubar suburbana.
– Muitas sucumbiram...
– Puxa. Deixa eu ver atrás.
Ele se virou para mostrar a careca atrás. O outro exclamou:
– Completamente careca!
– E você?
– Espera aí. O cabelo está todo aqui. Um pouco grisalho, mas firme.
– E essa barriga?
– O que é que a gente vai fazer?
– Boa vida...
– Mais ou menos...
– Uma senhora barriga.
– Nem tanto.
– Aposto que futebol, com essa barriga...
– Nunca mais.
– E você era bom, hein? Um bolão.
– O que é isso.
– Agora tá com a bola na barriga.
– Você também.
– Barriga, eu?
– Quase do tamanho da minha.
– O que é isso?
– Respeitável.
– Quem te dera um corpo como o meu.
– Mas eu estou com todo o cabelo.
– Estou vendo umas entradas aí.
– O seu só teve saída.
Ele se dobra de rir com a própria piada. O outro muda de assunto.
– Faz o quê? Vinte anos?

— Vinte e cinco. No mínimo.
— Você mudou um bocado.
— Você também.
— Você acha?
— Careca...
— De novo a careca? Mas é fixação.
— Desculpe, eu...
— Esquece a minha careca.
— Não sabia que você tinha complexo.
— Não tenho complexo. Mas não precisa ficar falando só na careca. Eu estou falando nessa barriga indecente? Nessas rugas?
— Que rugas?
— Ora, que rugas?
— Meu Deus, sua cara está que é um cotovelo.
— Espera um pouquinho...
— E essa barriga? Você não se cuida não?
— Me cuido mais que você.
— Eu faço ginástica, meu caro. Corro todos os dias. Tenho uma saúde de cavalo.
— É. Só falta a crina.
— Pelo menos não tenho barriga de baiana.
— E isso, o que é?
— Não me cutuca.
— Me diz. O que é? Enchimento?
— Não me cutuca!
— E esses óculos são para quê? Vista cansada? Eu não uso óculos.
— É por isso que está vendo barriga onde não tem.
— Claro, claro. Vai ver você tem cabelo e eu é que não estou enxergando.
— Cabelo outra vez! Mas isso já é obsessão. Eu, se fosse você, procurava um médico.
— Vá você, que está precisando. Se bem que velhice não tem cura.
— Quem é que é velho?
— Ora, faça-me o favor...
— Velho é você.
— Você.
— Você.
— Você!
— Ruína humana.
— Ruína não.

— Ruína!
— Múmia!
— Ah, é? Ah, é?
— Cacareco! Ou será cacareca?
— Saia da minha frente!
Separaram-se, furiosos. Inimigos para o resto da vida.

Luis Fernando Verissimo. *O melhor das comédias da vida privada*. Rio de Janeiro: Objetiva, 2004.

Por dentro do texto

1 Em que período da vida esses dois homens conviveram?

2 Que mudanças físicas os amigos percebem um no outro?

3 Até certo momento do texto, falar sobre as mudanças físicas ainda era amistoso. Em que ponto deixa de ser assim? Transcreva as frases que marcam essa passagem.

4 Transcreva o trecho do texto que corresponde ao clímax do conflito.

5 O texto mostra como a relação de amizade se transforma progressivamente em inimizade. Descreva como o texto desenvolve essa progressiva oposição.

6 O narrador, na introdução da crônica, apresenta ao leitor uma reflexão: "Aí, por uma destas coisas da vida – e como a vida tem coisas!". O assunto da crônica justifica a reflexão do narrador? A vida realmente "tem coisas"? Justifique sua opinião com acontecimentos narrados no texto.

7 Para as personagens, o fato narrado na crônica, o desentendimento dos amigos, é um fato tenso, desagradável ou leve e divertido?

_____
_____

8 Por que podemos dizer que se trata de um texto de humor?

_____
_____

9 As características que uma personagem repara na outra são predominantemente negativas. Cite algumas palavras ou frases que exemplifiquem essa afirmação.

_____
_____

Texto e construção

1 Em que consiste o humor do texto?

_____
_____

2 Com base nos conhecimentos que já possui sobre gêneros textuais, responda: por que podemos considerar esse texto uma crônica de humor?

_____
_____

REFLEXÃO SOBRE O USO DA LÍNGUA

Letra e fonema

Você já reparou que não escrevemos como falamos? Quando falamos, emitimos sons. Ao escrever, empregamos sinais gráficos – letras – que representam esses sons.

Às vezes, usamos a mesma letra para representar sons diferentes. Às vezes, uma única letra não basta para representar um som; outras vezes, o mesmo som é representado por letras diferentes.

1 Observe as frases a seguir.

I – "– Puxa. Deixa eu ver atrás."

II – "Ele se virou para mostrar a careca atrás. O outro exclamou:
– Completamente careca!"

III – "– De novo a careca? Mas é fixação.[...]
– Não sabia que você tinha complexo."

- Que letra está representando mais de um som?

> **Importante saber**
> O som que estabelece uma diferença significativa entre duas palavras de uma língua chama-se **fonema**.

2 Releia o trecho em que, na crônica, as personagens se desentendem, ofendendo-se mutuamente:

> "– Ruína humana.
> – Ruína não.
> – Ruína.
> – Múmia!
> – Ah, é? Ah, é?
> – **Cacareco**! Ou será **cacareca**? [...]"

a) Identifique o número de letras e de fonemas nas palavras a seguir:

cacareco: _____

cacareca: _____

b) Na escrita, as letras representam os sons da fala. Que letra, trocada nas palavras em destaque no trecho, altera o sentido delas no texto?
_____
_____

c) Pesquise o que significa "cacareco" e anote a seguir.
_____
_____
_____

d) Explique por que, no diálogo, um dos amigos resolve corrigir a palavra, criando o neologismo "cacareca".
_____
_____
_____

138

Aplicando conhecimentos

1 Na linguagem escrita, há fonemas que são representados por apenas uma letra e há outros que são representados por mais de uma letra. Veja:

barriga: tem 7 letras e 6 fonemas (porque o dígrafo "rr" é composto de duas letras, mas representa apenas um som).

- Identifique quantas letras e quantos fonemas estas palavras retiradas do texto apresentam.

a) cabelo _____

b) desculpe _____

c) reconhecido _____

d) corro _____

e) assunto _____

f) rir _____

g) enchimento _____

h) velhice _____

i) complexo _____

j) isso _____

k) não _____

l) obsessão _____

2 Leia a tira a seguir:

Fernando Gonsales. *Níquel Náusea: com mil demônios.* São Paulo: Devir, 2003.

a) Por que o rato concluiu, no terceiro quadrinho, que a comida era para ele?

_____
_____

b) Para mudar o nome do animal a ser atingido com veneno, mude um dos fonemas do texto das duas primeiras linhas da embalagem que está no terceiro quadrinho.

_____

c) O que a alteração feita na embalagem mudaria na tira se ela incluísse também a troca da imagem do rato pela imagem de outro animal?

_____
_____

139

3 Faça uma pesquisa e anote a seguir, dando exemplos, casos em que, na Língua Portuguesa:

a) Uma mesma letra representa mais de um som.

_____
_____
_____
_____

b) Um mesmo som é representado por grafias diferentes.

_____
_____
_____

PRÁTICA DE LEITURA

Texto 2 – Anedotas

1 Pulga sonhadora

Duas pulgas conversando:
– O que você faria se ganhasse na loteria?
A amiga responde, com ar de sonhadora:
– Eu comprava um cachorro só para mim!

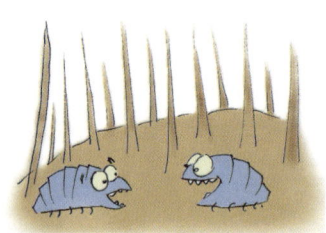

Brasil Almanaque de Cultura Popular, n. 61, abr. 2004.

2 Bem explicado

Dizem que esta se deu em casa de conhecida, rica e antiga família paulista.

Tendo enviuvado o Cel. Eulálio, deixou-lhe a esposa três filhinhos.

Mais tarde casou-se com a viúva D. Eugenia, mãe de três pimpolhos.

Do segundo casamento tiveram mais dois filhos.

Certo dia, ao entrar em casa, ouviu o berreiro dos dois menores e perguntou à esposa:

– Que aconteceu lá dentro?

– Nada demais: teus filhos e meus filhos estão batendo em nossos filhos.

Cornélio Pires. *Mixórdia: contos, anedotas.* São Paulo: Companhia Editora Nacional, s/d.

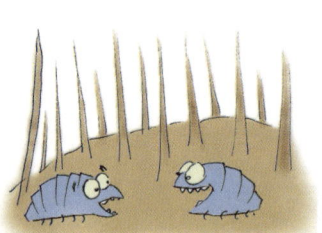

Por dentro do texto

1) O que provoca humor na primeira anedota?

2) E que frase identifica quem está conversando?

3) Releia.

> "A amiga responde, **com ar de sonhadora** [...]."

- Se a expressão destacada fosse retirada, faria falta no texto? Por quê?

4) A segunda anedota apresenta um tipo de introdução diferente. Releia-a.

> "Dizem que esta se deu em casa de conhecida, rica e antiga família paulista."

a) O que esse tipo de frase revela a respeito da época em que os fatos aconteceram?

b) O narrador introduz a anedota com a expressão "Dizem que...", muito empregada para narrar fatos oralmente. Esse tipo de introdução poderia ser usada para a "contação" de um causo? Por quê?

Texto e construção

1) Em sua opinião, por que as anedotas costumam ser breves?

2) No geral, as piadas provocam riso durante toda a história ou mais ao final? Por que você acha que isso acontece?

3) As anedotas apresentaram discurso direto. Que efeito esse recurso provoca no texto?

141

4 Agora, em seu caderno, passe as falas das personagens para o discurso indireto e responda: o efeito provocado é o mesmo?

5 Com qual dos dois discursos a anedota ficou melhor? Por quê?

6 Explique a abordagem de cada uma das anedotas apresentadas quanto aos seguintes aspectos.

a) O tema.

b) A linguagem.

c) Os recursos usados para provocar humor.

7 Você se lembra de alguma situação em que você ou outra pessoa foi contar uma anedota e esqueceu ou se atrapalhou com as palavras, provocando o riso pelo seu deslize e não por causa da piada? Foi engraçado? Conte para os seus colegas.

DE OLHO NA ESCRITA

Jogos ortográficos

Para recapitular as regras ortográficas já estudadas, esta atividade propõe alguns jogos.

Copie em seu caderno a correção das palavras que não foram escritas corretamente nas suas últimas produções de texto.

Em seguida, monte, com as palavras corrigidas e as palavras escritas nos cartazes, cartelas de **bingo**. Seu professor dará as orientações a respeito da confecção das cartelas e marcará um dia para a realização do jogo.

Jogo da forca

Solicitar que o colega adivinhe a palavra que mostra apenas algumas letras, dentro de um espaço de tempo determinado.

Exemplo: __ ss __ __ ia __ ao (associação)

Jogo da velha

O colega terá de escrever corretamente a palavra ditada para ele. Caso acerte, marcará, no jogo da velha, o sinal correspondente (**x** ou **o**) no espaço que quiser, a fim de formar uma coluna horizontal, vertical ou diagonal somente com esse sinal. Mas, se ele errar, você é que marcará o seu sinal (**x** ou **o**), o que poderá levá-lo à vitória.

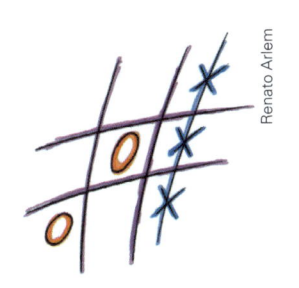

Quebra-cabeça

Confeccione cartelas com as sílabas de algumas palavras selecionadas por você. Em seguida, sente ao lado de um colega e troque suas cartelas com ele. Tente, então, montar as palavras escolhidas por ele, enquanto ele faz o mesmo com as suas.

PRÁTICA DE LEITURA

Texto 3 – Causo

Filhote não voa

Rolando Boldrin

Existe por aí afora muito caboclinho esperto e safado. Imaginem que lá pras bandas do Corgo Fundo tinha um que era tal e qual do jeito que estou falando.

Pois não é que o dito cujo deu de roubar coisas da igreja de lá? E virava e mexia, o padre saía excomungando o tal, pois não conseguia pegá-lo com a boca na botija, ou melhor, com a mão na mercadoria roubada. E vai daqui e vai dali, continuava sumindo coisa. Ora uma imagem, ora dinheiro dos cofrinhos... Enfim: um despropósito de coragem pra furto.

Mas – sempre tem um *mas* – eis que o padre resolve botar um paradeiro na roubança. Arma-se de um trabuco carregado e posta-se às escondidas no escuro da igreja em altas horas e ali espera, atocaiado, pelo ladrãozinho que não deveria demorar para aparecer. Devia ser umas 3 da madrugada quando o padre se depara com um vulto esperto na escuridão. Engatilha o trabuco e aponta no rumo do vulto que, percebendo, se esconde com a carinha de safado por detrás de uma estátua grande de um anjo de asas...

Padre *(falando alto)* Quem está aí?

Ninguém, é claro, responde.

Padre *(mais alto)* Quem está aí?

Ninguém responde.

Padre *(apontando a arma engatilhada)* Pois bem. Pela última vez, vou perguntar: quem está aí? Se não responder, vou pregar fogo.

A Voz *(trêmula e disfarçada)* É... é... um anjo, seu vigário. Eu sô um anjo...

> PADRE *(percebendo a malandragem)* Que anjo o quê, seu idiota! Voa já daí!
>
> A VOZ *(caipiresca)* Num posso avuá, seu vigário. Eu sô fióti!
>
> Conta-se que o padre, depois dessa resposta, resolveu ir dormir.
>
> Rolando Boldrin. *Brasil Almanaque de Cultura Popular.* n. 75, jun. 2005.

Por dentro do texto

1 Você já observou que os causos também apresentam os principais elementos de uma narrativa? Identifique e anote em seu caderno a introdução, o conflito (situação-problema da história), o clímax, a solução e o desfecho.

2 Explique o que você compreendeu das seguintes frases do narrador.

a) "Enfim: um despropósito de coragem pra furto."

b) "Mas – sempre tem um *mas* – [...]"

3 No causo, o narrador não descreve fisicamente a personagem que realiza os roubos na igreja, mas faz referência a ela de outras maneiras. Transcreva do texto todas as expressões que fazem uma descrição dessa personagem.

4 O fato de o padre identificar pela voz a personagem que roubava tem uma intenção. Qual?

5 Se o padre continuasse insistindo até descobrir quem é a pessoa, o causo perderia a graça? Por quê?

REFLEXÃO SOBRE O USO DA LÍNGUA

Revisão: variedades linguísticas e marcas de oralidade

Nesta coleção, você já teve oportunidade de estudar os causos populares. Reveja suas principais características.

> Os **causos** são histórias de tradição oral, contadas, geralmente, em uma linguagem espontânea, que registra o jeito de falar típico de determinada região ou localidade. Envolvem fatos pitorescos, reais, fictícios ou ambos; e podem ou não envolver o narrador.
>
> Os **contadores de causos** apresentam vários recursos que costumam prender a atenção de seus ouvintes, como entonação, gestos, suspense, efeitos de surpresa, humor etc. Características como sotaque e vocabulário da região são naturais a muitos deles.

1) No causo que você acabou de ler, podem ser identificadas duas estruturas diferentes. Uma estrutura narrativa mais parecida com a de um texto para ser contado e uma estrutura de um texto dramático (teatral), um texto para ser representado. Que recurso foi usado para que o leitor pudesse perceber o tom de voz das personagens envolvidas na discussão final?

_____

_____

2) Se o causo tivesse de ser contado oralmente, essas orientações seriam úteis? Por quê?

_____

_____

3) A explicação sobre variedades linguísticas apresentada no quadro a seguir revisa seus conhecimentos sobre esse assunto. Leia-a.

> A língua, por ser dinâmica, passa por processos naturais de mudança, variando em nossa fala e escrita conforme o tempo em que se vive, lugar onde se mora, idade, sexo, grau de escolaridade, circunstâncias em que a produzimos. Por isso apresenta variedades.
>
> Essas diferentes maneiras de falar ou escrever, incluindo a norma urbana de prestígio, são chamadas **variedades linguísticas**.

a) É possível afirmar que o texto "Filhote não voa" apresenta marcas de uma variedade linguística específica? Explique sua resposta.

_____

_____

b) Retire do causo lido trechos ou expressões que correspondem a marcas dessa variedade.

_____

c) Considere a frase: "Eu **sô fióti**!". Quais formas de registro convencional correspondem aos termos em destaque usados para representar a fala da personagem?

_____

d) Por essa frase, é possível perceber quais formas diferenciam a variante de prestígio e o falar caipira?

_____

_____

e) O que revela a argumentação da personagem ao dizer ao padre "Eu sô um anjo" e "Num posso avuá, seu vigário. Eu sô fióti!"?

_____

_____

4 Releia esta frase retirada do texto.

> A Voz *(trêmula e disfarçada)* – É... é... um anjo, seu vigário. Eu sô um anjo...

a) Assinale a alternativa correta. Podemos considerar esse registro uma representação da oralidade no texto escrito?

☐ Sim, pois representa a personagem gaguejando, truncando a fala.

☐ Não, o texto não lembra o jeito de falar usado em conversas espontâneas.

b) O que a descrição da voz e o modo como a resposta foi emitida indicam sobre o que a personagem está vivendo?

_____

_____

5 O que torna o texto lido um causo?

_____

_____

_____

Aplicando conhecimentos

Você já ouviu falar das lavadeiras do Vale do Jequitinhonha? Elas cantam as quadras a seguir, enquanto trabalham. Preste atenção à letra da canção, que está transcrita conservando marcas de oralidade. Observe as expressões em destaque.

Avião avuadô/Ô siri vem cá

Você viu Canavieira?
Eu não vi não
Eu só vi Barrado longe
Aonde **apousa os avião** [...]

Ô, siri vem cá, Ô siri **vem vê**
Ô, siri vem cá, Ô siri **vem vê**
Eu passei no pé da lima

Chupei lima sem querer
Abracei com o pé da lima
Pensando que era você [...]

Avião, avião **avuadô**
Nem aqui nem na Bahia
Avião nunca **pousô**.

Carlos Farias e Coral das Lavadeiras.
Batuquim brasileiro. Epovale, 2002.

1 Na canção, o eu poético se relaciona com elementos da natureza como se fossem pessoas. Copie dois trechos que comprovam essa ideia.

2 Com base na leitura da canção, é possível dizer que o eu poético vive numa cidade grande? Comprove sua resposta, transcrevendo um trecho do texto.

3 Observe as expressões em destaque e responda: você conhece alguém que usa, na fala, expressões como as destacadas na canção das lavadeiras?

4 Leia este verbete.

> **avoar** *v. intr. e tr. ind. (ant. e pop.).* O mesmo que voar.
> *Dicionário brasileiro*. Erechim: Edelbra, [s.d.].

a) Qual é a relação deste verbete com a palavra **avuadô** empregada pela lavadeira da canção?

b) Converse com um colega e descubra outra palavra com o mesmo significado e escrita semelhante à palavra destacada a seguir.

"Eu só vi Barrado longe"
"Aonde **apousa os avião** [...]"

c) As palavras **assoprar** e **amostrar** podem ser encontradas no dicionário? Pesquise e anote o que descobriu.

___

5 Você sabe o que são **aboiadores**? São trabalhadores que lidam com o gado e usam o aboio quando levam o gado para pastar. O aboio é o canto que os vaqueiros entoam enquanto guiam a boiada ou chamam os animais. Conheça um desses cantos.

Sabiá de melão

ÊÔÔRRÔÔÔÔÔÔ

Eôôôrrôôôôôôôô,

Fasta pra lá, boi manso, ô gado

Ôôôôôôôôô

Sabiá puxa melão

Por detrás da bananeira

Quantas meninas faceiras

Que eu deixei no meu sertão

Na minha ribeira, ô sabiá

Eu vou-me embora da mata

O arumã, meu matulão

Vou **calçá minhas** alpercata

Vou me **despedi das mata**

Vou-me **embora pra o sertão, meu** sabiá

Vou **voltá pra meu lugá**

Vê a princesa do sertão

Vou **abraçá** minha donzela

Morena, cor de canela

Dona do meu coração, meu sabiá

Eeeeeeeôôôôôôôô.

Irra!

Vavá Machado e Marcolino.
O grito do camponês. Phonodisc, 2002 (CD).

a) O que o boiadeiro está fazendo quando diz: "Eeeeeeeôôôôôôôô. Irra!"?

___

b) Além de se dirigir ao boi manso, o boiadeiro fala com outro animal. Comprove essa afirmação com um verso do texto.

___

6 Nos dois textos, o eu poético expressa o falar de pessoas simples, revelando na linguagem que, provavelmente, os falantes representados pelo eu poético tiveram pouco ou nenhum acesso à escola. Copie das duas canções um exemplo em que a concordância verbal não foi usada de acordo com as regras gramaticais, buscando representar no texto o modo como o eu poético fala no cotidiano.

_____

_____

7 Com base no que acabou de aprender, como você caracterizaria a linguagem das canções *Avião avuadô* e *Sabiá de melão*? Explique.

_____

_____

8 Pesquise, entre seus familiares e amigos, diferentes palavras das diversas regiões do país que são utilizadas para designar o mesmo ser.

_____

_____

PRODUÇÃO DE TEXTO

Que tal fazer uma exposição bem-humorada para divertir o público de sua escola? Construa, com sua turma, um mural de humor e, durante algumas semanas, exponha a sua produção de texto e a de seus colegas. Para produzir um texto de humor, escolha o gênero textual que quiser: história em quadrinhos, crônica, charge, cartum, anedota, causo etc.

As pílulas de humor a seguir foram retiradas do livro *O pescoço da girafa*, de Max Nunes. Divirta-se e aproveite-as como inspiração para a sua produção de texto.

CUIDADOS	DIETA
Há certas coisas na vida que a gente não pode deixar passar. Principalmente se for goleiro.	Em matéria de morangos o creme não compensa.
ANÚNCIO NO EGITO ANTIGO	**NOVOS PROVÉRBIOS**
PARA FARAÓ VOTE EM RAMSÉS II. OS OUTROS SÃO UMAS MÚMIAS!	Quem não deve não treme. *** A pressa é a inimiga da refeição. *** Um dia a caspa cai.

149

PLANEJE SEU TEXTO

Responda a cada um dos itens do quadro como modo de planejamento. Amplie o número de itens, se precisar. Verifique se cumpriu o planejado na hora de avaliar o texto.

PARA ESCREVER O TEXTO DE HUMOR (EM GÊNERO TEXTUAL ESPECÍFICO)	
1. Qual é o público leitor do texto?	
2. Que linguagem vou empregar?	
3. Qual é a estrutura que o texto vai ter?	
4. Onde o texto vai circular?	

ORIENTAÇÕES PARA A PRODUÇÃO

1. Para provocar humor, você poderá lançar mão de vários recursos.
   - Dar ao texto um final inesperado.
   - Criar um efeito surpresa.
   - Alterar algo já conhecido e aceito socialmente.
   - Mudar o uso e sentido das palavras.
   - Fazer uma paródia das ideias contidas no texto original etc.

2. Leia textos de humor de diversos gêneros e observe de que maneira esse efeito foi conseguido.

3. Escolha um dos gêneros textuais sugeridos na lista de opções e reveja a estrutura dele.

4. Depois de produzir o texto, prepare, com seus colegas, o mural de uma maneira bem divertida, com imagens relacionadas com os temas apresentados, e divulguem a exposição.

AVALIAÇÃO E REESCRITA

1. Antes de publicar o texto, releia-o e verifique se, de fato, ele provocou o efeito de humor desejado. Para isso, peça que outras pessoas leiam o texto: pode ser um familiar, um amigo, o professor.

2. Observe se a estrutura e o conteúdo do texto estão adequados ao gênero textual escolhido para a produção.

3. Revise o texto e verifique com o professor o tipo de folha que usarão no mural. Passe o texto a limpo na folha definitiva.

PREPARANDO-SE PARA O PRÓXIMO CAPÍTULO

Você já ficou fascinado diante da vitrine de uma loja ou já fez de tudo para comprar alguma coisa que viu num anúncio de revista, rádio, televisão, jornal, internet etc.? Já sentiu vontade de sair comprando, comprando e comprando?

Observe seus hábitos de consumo, as coisas que você ou seus familiares compram sempre; as coisas que comprou, mas nem tem necessidade de usar; as coisas que você mais usa. Essas informações serão solicitadas durante o estudo do próximo capítulo.

Unidade 4

Comunicação e consumo

Nesta unidade, você estudará:

- VOCATIVO

- COMPLEMENTO NOMINAL

- APOSTO

- VERBO – REVISÃO: MODO IMPERATIVO

- ORTOGRAFIA:

- PARÔNIMOS E HOMÔNIMOS

- USO DE MAU/MAL E BOM/BEM

PARA COMEÇO DE CONVERSA

1. Suponha que um jovem precisa de um tênis. Ele, então, dirige-se a uma loja para comprá-lo. Mas há várias marcas desse tipo de calçado. Na sua opinião, o jovem decidirá por qualquer uma das marcas sem fazer nenhuma distinção?

   - Suponha agora que uma dona de casa foi ao supermercado comprar margarina. Dentre as mais baratas, ela encontrou duas marcas; uma delas, um pouco mais cara, aparece muitas vezes na televisão. Da outra, ela nunca ouviu falar. Ao ler a embalagem, percebe que não há diferença de qualidade entre os dois produtos. Então precisa decidir qual deles vai comprar.

   A dona de casa comprará a mais barata de todas as margarinas ou aquela que é divulgada nos meios de comunicação, em *outdoors*, mesmo que precise pagar um pouco mais por isso?

2. O que nos estimula a consumir determinado produto?

3. Por que, às vezes, compramos um produto que não nos faria falta? Que outras necessidades buscamos satisfazer por meio do ato de comprar?

4. A publicidade influenciou ou influencia seu modo de pensar e agir? Por quê? Exemplifique suas opiniões com exemplos de textos publicitários.

   - Para compreender melhor essas questões que tratam do consumo nos tempos atuais, preste atenção ao que dizem os textos deste capítulo.

5. Observe a imagem ao lado. O que você vê nela?

   a) Agora observe a figura abaixo e responda: qual é a diferença entre a primeira e a segunda imagem?

   b) O que fez com que você percebesse isso?

6. Você já tinha visto algum texto com esse objetivo? Conte para a sua turma.

Capítulo 1

OLHOS CRÍTICOS

PRÁTICA DE LEITURA

Texto 1 – Reconto de fadas

**Dois beijos –
o príncipe desencantado**

O primeiro beijo foi dado por um príncipe numa princesa que estava dormindo encantada há cem anos. Assim que foi beijada, ela acordou e começou a falar:

PRINCESA   Muito obrigada, querido príncipe. Você por acaso é solteiro?

PRÍNCIPE   Sim, minha querida princesa.

PRINCESA   Então nós temos que nos casar, já! Você me beijou, e foi na boca, afinal de contas não fica bem, não é mesmo?

PRÍNCIPE   É... querida princesa.

PRINCESA   Você tem um castelo, é claro.

PRÍNCIPE   Tenho... princesa.

PRINCESA   E quantos quartos tem o seu castelo, posso saber?

PRÍNCIPE   Trinta e seis.

PRINCESA   Só? Pequeno, hein! Mas não faz mal, depois a gente faz umas reformas... Deixa eu pensar quantas amas eu vou ter que contratar... Umas quarenta eu acho que dá!

PRÍNCIPE   Tantas assim?

PRINCESA   Ora, meu caro, você não espera que eu vá gastar as minhas unhas varrendo, lavando e passando, não é?

PRÍNCIPE   Mas quarenta amas!

PRINCESA   Ah, eu não quero nem saber. Eu não pedi para ninguém vir aqui me beijar, e já vou avisando que quero umas roupas novas, as minhas devem estar fora de moda; afinal passaram-se cem anos, não é mesmo? E quero uma carruagem de marfim, sapatinhos de cristal e... e... joias, é claro! Eu quero anéis, pulseiras, colares, tiaras, coroas, cetros, pedras preciosas, semipreciosas, pepitas de ouro e discos de platina!

PRÍNCIPE   Mas eu não sou o rei das Arábias, sou apenas um príncipe...

PRINCESA   Não me venha com desculpas esfarrapadas! Eu estava aqui dormindo e você veio e me beijou e agora vai querer que eu ande por aí como uma gata borralheira? Não, não e não, e outra vez não e mais uma vez não!

Tanto a princesa falou que o príncipe se arrependeu de ter ido até lá e a beijado. Então teve uma ideia. Esperou a princesa ficar distraída, se jogou sobre ela e deu outro beijo, bem forte. A princesa caiu imediatamente em sono profundo, e dizem que até hoje está lá, adormecida. Parece que a notícia se espalhou, e os príncipes passam correndo pela frente do castelo onde ela dorme, assobiando e olhando para o outro lado.

Flávio de Souza. *Príncipes e princesas, sapos e lagartos*.
São Paulo: FTD, 1996.

Por dentro do texto

1 Que características do texto 1 o aproximam de um conto de fadas ou conto maravilhoso?
_____
_____

2 Que características da princesa dessa história a diferenciam das outras que você conheceu por meio dos contos de fadas?
_____
_____

3 Que sentimento a atitude da princesa despertou no príncipe? Por quê?
_____
_____

4 A que conto de fadas a primeira frase do texto nos remete?
_____

5 Por que o texto recebeu o subtítulo "O príncipe desencantado"?

_____

_____

6 Quantas vezes a princesa usou o verbo **querer** para se comunicar?

_____

7 Por que a princesa fez tantos pedidos?

_____

REFLEXÃO SOBRE O USO DA LÍNGUA

Vocativo

1 Releia o trecho abaixo.

> "PRINCESA   Muito obrigada, **querido príncipe**. Você por acaso é solteiro?
> PRÍNCIPE   Sim, **minha querida princesa**."

- Qual é a função dos termos em destaque no trecho que você acabou de ler?

_____

2 Qual é a importância dos termos destacados para o leitor do texto?

_____

Importante saber

O termo da oração com o qual interpelamos, invocamos ou chamamos o interlocutor é denominado **vocativo**.

Observe que o vocativo não assume o papel de sujeito da oração.

Ora, **meu caro**, **você** não espera que eu vá gastar as minhas unhas varrendo, lavando e passando, não é?

   ↓   ↓
  vocativo sujeito

Ao contrário do sujeito da oração, o vocativo vem sempre isolado do restante da oração por vírgulas. Na oração acima, como o vocativo está intercalado, ele vem isolado entre vírgulas. Caso viesse no final da frase, seria precedido de vírgula. Se estivesse no início, a vírgula viria depois do termo. Veja.

> Você não espera que eu vá gastar as minhas unhas varrendo, lavando e passando, não é, **meu caro**?
>
> **Meu caro**, você não espera que eu vá gastar as minhas unhas varrendo, lavando e passando, não é?

Aplicando conhecimentos

1 Vamos retomar um trecho do texto.

> "PRINCESA   Então nós temos que nos casar, já! Você me beijou, e foi na boca, afinal de contas não fica bem, não é mesmo?
> PRÍNCIPE   É... querida princesa.
> PRINCESA   Você tem um castelo, é claro.
> PRÍNCIPE   Tenho... princesa."

a) Quais são os vocativos que aparecem nesse trecho?

_____

b) Você acabou de descobrir que o vocativo é separado por vírgulas do restante da frase. Por que nesse caso o vocativo foi separado do restante da oração por meio das reticências?

_____

2 Releia:

> "Não me venha com desculpas esfarrapadas!"

a) Qual é o sujeito da oração?

_____

b) Usando um vocativo adequado, de maneira que fique coerente com o texto que você acabou de ler, reescreva a frase três vezes, sendo que:

- na primeira o vocativo aparece no meio da frase;

_____

- na segunda o vocativo aparece no começo da frase;

_____

- na terceira o vocativo aparece no fim da frase.

_____

Lembre-se: o vocativo deve vir separado do restante da frase por meio da vírgula!

157

DE OLHO NA ESCRITA

Parônimos e homônimos

Há palavras que causam dúvidas quanto à sua escrita devido às suas semelhanças na pronúncia e/ou na grafia. E se faz importante fazer a distinção delas, porque, como possuem significados diferentes, corre-se o risco de usá-las de modo equivocado ou inadequado nos textos. Tratam-se de palavras parônimas e homônimas.

Parônimos

Os **parônimos** são palavras que apresentam significados diferentes, mas são parecidas na grafia e na pronúncia, diferenciando-se ligeiramente nisso. Veja exemplos:

Emergir: vir à tona	Imergir: afundar, mergulhar
Assoar: limpar o nariz	Assuar: vaiar
Discriminar: distinguir, classificar	Descriminar: inocentar, isentar de culpa

1 Leia as frases a seguir e corrija as palavras destacadas que estão empregadas incorretamente de acordo com cada situação.

a) Dona Lúcia é **precedente** de Manaus. _____

b) Aquilo que nós temíamos tanto está **eminente** para acontecer. _____

c) Ele **suou** muito durante a caminhada. _____

d) Temos de esperar o solo **absolver** toda a água. _____

e) O loja estava **surtida** de mercadorias. _____

2 De acordo com o contexto, escolha a opção correta, entre as palavras nos parênteses, e a escreva no espaço reservado.

a) Seu Zezinho _____ os cavalos assim que amanheceu o dia. (arriou/arreou)

b) Mário pediu _____ do trabalho ontem. (despensa/dispensa)

c) Nós gastamos três dias para medir o _____ daquelas terras. (comprimento/cumprimento)

d) Ele respondeu processo porque _____ a lei. (infligiu/infringiu)

e) Tiago agiu com muita _____ naquela situação embaraçosa. (descrição/discrição)

f) O eletricista trocou o _____ para a luz voltar ao normal. (fuzil/fusível)

Homônimos

Os **homônimos** são palavras que têm significados diferentes, mas apresentam igualdade ou semelhança na grafia e no som. Os homônimos podem ser subdivididos em três grupos:

Homônimos perfeitos: são iguais na grafia e têm o mesmo som. Exemplos:

livre › adjetivo   /   livre › verbo

cedo › verbo   /   cedo › advérbio

Homônimos homógrafos: são iguais na grafia, mas têm sons diferentes. Exemplos:

Sede › substantivo (secura, vontade de beber)   /   sede › localidade

Homônimos homófonos: são diferentes na grafia, mas têm o mesmo som. Exemplos:

Cheque › papel com ordem de pagamento   /   xeque › lance de jogo de xadrez

Cerrar › fechar   /   serrar › cortar

3 Leia as duplas de palavras e identifique-as como parônimos ou homônimos. Em seguida, escolha duas duplas de homônimos e duas de parônimos e, no caderno, forme frases com essas palavras e confira o sentido delas no dicionário.

a) cassar → caçar	
b) conserto → concerto	
c) emigrar → imigrar	
d) aprender → apreender	
e) espectador → expectador	
f) sela → cela	
g) retificar → ratificar	
h) ouve → houve	
i) tráfego → tráfico	
j) descente → decente	
k) censo → senso	
l) peão → pião	

PRÁTICA DE LEITURA

Texto 2 – Notícia

Infratoras buscam sonho de consumo "cor-de-rosa"

Meninas de rua vagam na Vila Mariana
em busca de celulares e lentes coloridas.
Perfil psicológico das infratoras mostra a mesma situação
de rua experimentada por suas mães e até avós

Eliane Trindade
DE SÃO PAULO

Alisante de cabelo e lentes de contato coloridas são itens visados nos arrastões protagonizados por meninas de rua, com idade entre 9 e 15 anos, nas lojas da Vila Mariana, na zona sul de São Paulo.

"Quero ser bonita, tia", disse uma delas para a conselheira tutelar Ana Paula Borges, 29, em uma das mais de 20 vezes em que foi encaminhada para atendimento pela polícia no último ano.

Negras e mulatas de cabelos crespos, elas dizem querer alisar as madeixas para ficarem bonitas conforme o padrão de beleza estabelecido. Usam os produtos na rua.

A mudança do visual chega à cor dos olhos. Elas furtaram um *kit* de lente de contato verde de R$ 100. Como não dava para todas ficarem com duas lentes cada, dividiram o pacote. Algumas usavam só uma lente ao serem levadas recentemente à delegacia.

Nas fotos do grupo que ilustram o dossiê das sete garotas no Conselho Tutelar da Vila Mariana, as meninas fazem pose de modelo. Usam casacos rosa e acessórios.

"Como toda criança e adolescente, querem consumir, comer e passear no shopping. Elas pedem. Se não ganham, furtam", afirma Ana Paula.

Elas circulam nos metrôs Paraíso e Ana Rosa em busca dos ícones do consumo infantojuvenil: celulares, especialmente os cor-de-rosa.

"Pego o celular das lourinhas que já olham pra mim com medo", diz a garota negra, gorro rosa. Ela tem 11 anos, não se acha bela. "Bonita, eu? Olha a cor da minha pele", corta, diante do elogio.

O perfil psicológico e socioeconômico do grupo foi desenhado ao longo de uma série de contatos com conselheiros tutelares e monitores do programa Presença Social nas Ruas, da prefeitura.

Todas elas têm um histórico de abandono há gerações. "As mães delas viveram a mesma realidade de rua", diz Kátia de Souza, conselheira.

"É uma segunda e até terceira geração na rua. É como se fosse hereditário", confirma Ana Paula.

Famosas

Desde o início de julho, os furtos das meninas na região começaram a chamar a atenção. Atraídas pela repercussão, outras crianças resolveram fazer o mesmo.

Segunda-feira, cinco meninas e dois meninos fizeram um arrastão num hotel, do Paraíso. Levados ao Conselho Tutelar da Vila Mariana, promoveram também um quebra-quebra no local.

Um terceiro grupo também agiu no Itaim Bibi (zona oeste) na última terça.

Eliane Trindade. *Folha de S.Paulo*, 28 ago. 2011. Disponível em: <http://www1.folha.uol.com.br/fsp/cotidian/ff2808201101.htm>. Acesso em: 23 fev. 2012.

Por dentro do texto

1. De acordo com o informado na notícia, por que, nos arrastões promovidos pelas meninas de rua, os itens mais visados são alisante de cabelo e lentes de contato?

2. Pelo que se pode deduzir do que acabou de ser lido, qual é o padrão de beleza estabelecido pela mídia?

3. Que argumento é dado pela conselheira tutelar para justificar a ação da gangue de meninas?

4. De acordo com o texto, qual é o ícone do consumo infantojuvenil?

5 Leia o parágrafo abaixo.

> "Pego o celular das lourinhas que já olham pra mim com medo", diz a garota negra, gorro rosa. Ela tem 11 anos, não se acha bela. "Bonita, eu? Olha a cor da minha pele", corta, diante do elogio.

- Levante uma hipótese coerente: por que razões a garota não se considera bonita?
_____
_____
_____

6 Em relação ao perfil psicológico e socioeconômico do grupo, que semelhança foi encontrada entre as garotas do grupo?
_____
_____

7 Que consequências decorreram do fato de os arrastões das meninas terem se tornado famosos?
_____

REFLEXÃO SOBRE O USO DA LÍNGUA

Complemento nominal

Compare os exemplos a seguir:

A – As meninas querem **mudar** o visual.

B – A **mudança** do visual chega à cor do olhos.

1 Que diferença encontramos entre as palavras **mudar** e **mudança**, quanto à sua classe gramatical?
_____
_____

2 Qual é a classificação sintática do verbo **mudar**, em relação à sua transitividade?
_____
_____

162

3 Qual é a função sintática do termo **o visual**, quando acompanha o verbo **mudar**?

_____
_____

4 Observe:

Mudar **o visual**

Mudança **do visual**

- Considerando que **mudança** e **mudar** pertencem a classes gramaticais diferentes, podemos afirmar que os termos em destaque exercem a mesma função sintática? Justifique.

_____
_____
_____

> **Importante saber**
>
> Ao termo sintático que complementa o sentido de um **nome** – **substantivo**, **adjetivo** ou **advérbio** – damos o nome de **complemento nominal**.
>
> O complemento nominal exerce uma função parecida com a do objeto, em relação ao verbo transitivo. A diferença entre eles é que o objeto sempre complementa o sentido de um verbo, enquanto **o complemento nominal sempre complementa o sentido de um nome**. Veja os exemplos.
>
> O Conselho Tutelar se **preocupa** / **com as menores de rua**.
>   ↑   ↓
>   verbo transitivo indireto   objeto indireto
>
> O Conselho Tutelar está **preocupado** / **com as menores de ruas**.
>   ↑   ↓
>   adjetivo   complemento nominal
>   (predicativo do sujeito)
>
> A **preocupação** / **com a questão do menor abandonado** no Brasil é cada vez maior.
>   ↑   ↓
> substantivo   complemento nominal
> (núcleo do sujeito)

Aplicando conhecimentos

1 Transforme os objetos em destaque nas orações abaixo em complementos nominais, fazendo as adaptações necessárias. Veja um exemplo:

Os lojistas temem **os arrastões**.
Os lojistas têm medo dos arrastões.

163

a) Invadir **as lojas** tornou-se comum naquela região.
_____

b) O Conselho Tutelar investigou **a realidade** das pobres garotas.
_____

c) Estabelecer **um padrão de beleza** é um erro da sociedade moderna.
_____

d) As meninas infratoras buscam **os ícones do consumo infantojuvenil**.
_____

2 Complete o texto com as expressões apresentadas no quadro abaixo. Verifique a coerência de sua escolha.

> com a frustração ou a solidão
> ajuda psicológica ou psiquiátrica
> o consumo compulsivo
>
> de comprar
> de bens

Consumo compulsivo

O ato _____ muitas vezes não está relacionado simplesmente à aquisição _____ para o consumo. As compras podem assumir uma ligação _____. [...]

Cresce cada vez mais o número de pessoas que procuram _____ para controlar _____. [...]

Patrícia Lopes. Equipe Brasil Escola. Disponível em: <http://www.brasilescola.com/psicologia/consumo-compulsivo.htm>. Acesso em: 23 fev. 2012.

---

3 Quais termos do exercício 2 podem ser classificados como complemento nominal?
_____
_____
_____

4 Como se classificam os termos do exercício 2 que não são complementos nominais?
_____

5 Indique qual é o complemento nominal em cada uma das frases.

164

a) As pessoas tem gosto pelo consumo.	
b) A resposta aos alunos foi imediata.	
c) O consumo tem se tornado um deus para os jovens.	
d) Ela se referiu à entrega do documento.	
e) Cleide estava cansada de trabalhar.	
f) Eles estão à procura dos culpados.	
g) A minha vó me falava da confiança em Deus.	
h) Nesse momento, é importante a ajuda dos pais aos filhos.	
i) A referência à fonte não foi o suficiente para ele.	

6 Indique quais são os complementos nominais e nomeie a classe de palavra dos termos a que eles complementam o sentido.

a) Nós estávamos perto da escola.

___

b) Seu João fez a entrega ao cliente.

___

c) A família ficou assustada com a notícia.

___

d) Ele falou pouco do assunto.

___

e) Ele ficou atento ao resultado.

___

f) O menino tinha adoração pelo pai.

___

g) O governo priorizou o investimento em educação.

___

PRÁTICA DE LEITURA

Texto 3 – Cartas do leitor

As cartas a seguir foram escritas por leitores de uma revista. Leia-as:

A
É obrigação do comerciante dar ao consumidor uma embalagem para que ele leve suas compras, sejam elas quais forem ("A polêmica das sacolinhas", 8 de fevereiro). Ou eu compro um par de sapatos numa loja e saio com eles nas mãos? Compro uma roupa e saio segurando o cabide? E as culpadas de prejudicar o planeta são as sacolinhas? Que utopia... M. R. R. B.

B
Sim, estaremos fazendo um bem enorme à natureza se não utilizarmos as tais sacolas. Mas e os produtos com embalagem plástica, como os sacos de mantimentos (arroz, feijão e açúcar)? E os sacos de lixo? Esses podem? N. A. B.

C
Todos querem um planeta mais saudável, mas ninguém está disposto a pagar por isso. S. S. M. O.

D
Se não queremos mais sacos nos lixões, é preciso mudar o sistema de recolhimento dos resíduos e voltar a fazer como antigamente. Cada residência tinha o seu latão. O coletor passava, virava o latão no caminhão e o devolvia na calçada, sem o intermédio dos sacos plásticos. E. B.

Por dentro do texto

1 Qual é o assunto tratado nas cartas do leitor?

_____
_____

2 Em qual das cartas o leitor enfatiza a que reportagem se refere?

_____

3 Que leitor manifesta-se inteiramente a favor em relação à medida citada? Justifique sua resposta.

_____
_____

4 Que leitor apresenta uma proposta para que o problema seja resolvido, caso a medida seja adotada de fato? Que proposta é essa?

_____

_____

_____

5 Que leitor encontra uma contradição em relação à medida citada? Justifique sua resposta.

_____

_____

> **Importante saber**
>
> A carta do leitor é um texto que circula no contexto jornalístico, em seção fixa de revistas e jornais. É um gênero do domínio público, de caráter aberto, com o objetivo de divulgar a opinião dos leitores. Cada jornal ou revista segue critérios próprios de publicação, podendo fazer a edição com cortes das cartas enviadas à redação.
>
> As cartas do leitor atendem diferentes intenções comunicativas, como por exemplo: **opinar**, **reclamar**, **comunicar**, **elogiar**, **agradecer**, **retificar** e **solicitar**.

PRODUÇÃO DE TEXTO

Agora é a sua vez de escrever uma carta do leitor. Releia a notícia apresentada no texto 2. Que questão mais lhe chamou a atenção na notícia? Posicione-se a respeito do assunto tratado, expressando a sua opinião de maneira clara e coerente.

PLANEJE SEU TEXTO

Responda a cada um dos itens do quadro como modo de planejamento. Amplie o número de itens, se precisar. Verifique se cumpriu o planejado na hora de avaliar o texto.

PARA ESCREVER A CARTA DO LEITOR	
1. Qual é o público leitor do texto?	
2. Que linguagem vou empregar?	
3. Qual é a estrutura que o texto vai ter?	
4. Onde o texto vai circular?	

ORIENTAÇÕES PARA A PRODUÇÃO

Lembre-se de que, ao enviar uma carta à redação do jornal ou revista, o leitor deve:

1. Informar a data e/ou a edição em que a notícia ou reportagem foi publicada.
2. Informar o título da notícia/reportagem.
3. Posicionar-se diante do assunto tratado.
4. Argumentar seu ponto de vista.
5. Identificar-se.
6. Colocar a data em que escreveu sua carta.

AVALIAÇÃO E REESCRITA

1. Observe se a estrutura e o conteúdo do texto estão adequados ao gênero textual produzido.
2. Revise o texto quanto à coesão textual: verifique se empregou adequadamente as palavras que estabelecem ligação entre as ideias.
3. Antes de escrever a última versão, releia a carta e verifique se tem dúvidas quanto à escrita das palavras. Consulte o dicionário e o professor, caso seja necessário.

PESQUISA

Descubra os gostos, preferências, sonhos de consumo dos jovens do seu bairro, da sua vizinhança, fazendo uma pesquisa.

Para isso, forme um pequeno grupo com alguns colegas e faça a coleta de dados, conforme orientação do professor.

Seguem algumas questões que podem servir de roteiro para as perguntas que vocês deverão fazer aos pesquisados.

a) O que crianças e adolescentes do meio em que você vive mais consomem?

b) Que alimentos compõem a mesa diária?

c) Quais são suas brincadeiras prediletas?

d) O que eles gostariam de possuir?

e) Que meios de comunicação mais os influenciam quando o assunto é **consumo**?

Depois da pesquisa, apresentem os dados colhidos por meio de um gráfico.

PREPARANDO-SE PARA O PRÓXIMO CAPÍTULO

Traga um recorte ou escreva em seu caderno uma propaganda que você considere interessante, criativa, que foi capaz de chamar muito a sua atenção. Caso queira, prepare uma dramatização, com alguns colegas, de um desses textos publicitários veiculados na televisão, em jornais, revistas ou rádios.

Capítulo 2 — Entre o ser e o ter

PRÁTICA DE LEITURA

Texto 1 – Conto (fragmento)

Este é um trecho de um conto de Liev Tolstói, escritor russo que resolveu dar voz a um cavalo... Isso mesmo, trata-se das memórias de um cavalo que passa longo tempo observando o comportamento das pessoas, os valores do ser humano.

[...] Era inverno, época de festas. Não me deram nem de comer nem de beber durante o dia inteiro. Fiquei sabendo depois que aquilo acontecera porque o cavalariço estava bêbado. Naquele mesmo dia, o chefe veio à minha baia, deu pela falta de ração e foi-se embora xingando com os piores nomes o cavalariço que não estava ali. No dia seguinte, acompanhado de um peão, o cavalariço trouxe feno à nossa baia; notei que ele estava especialmente pálido, abatido, tinha nas costas longas algo significativo que despertava piedade. Ele atirou feno por cima da grade, com raiva; eu ia metendo a cabeça em seu ombro, mas ele deu um murro tão dolorido no meu focinho, que me fez saltar pra trás. E ainda por cima chutou-me a barriga com a bota.

— Não fosse esse lazarento, nada disso tinha acontecido.

— Mas o que aconteceu? – perguntou o outro cavalariço.

— Os potros do conde ele não inspeciona, mas este ele examina duas vezes por dia.

— Será que deram o malhado mesmo pra ele?

— Se deram ou venderam, só o diabo sabe. O certo é que você pode até matar de fome todos os cavalos do conde, e nada acontece, mas você se atreva a deixar o potro dele sem ração... "Deita aí", diz ele, e tome chicotada. Não tem senso cristão. Tem mais pena de animal do que de homem; logo se vê que não usa cruz no pescoço... ele mesmo contou as chicotadas que me deu, o bárbaro. O general não bate assim, ele deixou as minhas costas em carne viva... pelo visto, não tem alma cristã.

Eu entendi bem o que eles disseram sobre os lanhões e o cristianismo, mas naquela época era absolutamente obscuro para mim o significado das palavras "meu", "meu potro", palavras através das quais eu percebia que as pessoas estabeleciam uma espécie de vínculo entre mim e o chefe dos estábulos. Não conseguia entender de jeito nenhum o que significava me chamarem de propriedade de um homem. As palavras "meu cavalo", referidas a mim, um cavalo vivo, pareciam-me tão estranhas quanto as palavras "minha terra", "meu ar", "minha água".

No entanto, estas palavras exerciam uma enorme influência sobre mim. Eu não parava de pensar nisso e só muito depois de ter as mais diversas relações com as pessoas compreendi finalmente o sentido que atribuíam àquelas estranhas palavras. Era o seguinte: os homens não orientam suas vidas por atos, mas por palavras. Eles não gostam tanto da possibilidade de fazer ou não fazer alguma coisa quanto da possibilidade de falar de diferentes objetos utilizando-se de palavras que convencionam entre si. Dessas, as que mais consideram são "meu" e "minha", que aplicam a várias coisas, seres e objetos, inclusive à terra, às pessoas e aos cavalos. Convencionaram entre si que, para cada coisa apenas um deles diria "meu". E aquele que diz "meu" para o maior número de coisas é considerado o mais feliz, segundo esse jogo. Para que isso, não sei, mas é assim. Antes eu ficava horas a fio procurando alguma vantagem imediata nisso, mas não dei com nada.

Muitas das pessoas que me chamavam, por exemplo, de "meu cavalo" nunca me montavam; as que o faziam eram outras, completamente diferentes. Também eram bem outras as que me alimentavam. As que cuidavam de mim, mais uma vez, não eram as mesmas que me chamavam "meu cavalo" mas os cocheiros. Os tratadores, estranhos de modo geral. Mais tarde, depois que ampliei o círculo de minhas observações, convenci-me de que, não só em relação a nós, cavalos, o conceito de "meu" não tem nenhum outro fundamento senão o do instinto vil e animalesco dos homens, que eles chamam de sentimento ou direito de propriedade. O homem diz: "minha casa", mas nunca mora nela, preocupa-se apenas em construí-la e mantê-la. O comerciante diz: "meu bazar", "meu bazar de lãs", por exemplo, mas não tem roupa feita das melhores lãs que há no seu bazar. Existem pessoas que chamam a terra de "minha", mas nunca a viram nem andaram por ela. Existem outras que chamam de "meus" outros seres humanos, mas nenhuma vez sequer botaram os olhos sobre eles, e toda a sua relação com essas pessoas consiste em lhes causar mal. Existem homens que chamam de "minhas" as suas mulheres ou esposas, mas essas mulheres vivem com outros homens. As pessoas não aspiram a fazer na vida o que consideram bom, mas a chamar de "minhas" o maior número de coisas. Agora estou convencido de que é nisso que consiste a diferença essencial entre nós e os homens. É por isso que, sem falar das outras vantagens que temos sobre eles, já podemos dizer sem vacilar que, na escada dos seres vivos, estamos acima das pessoas; a vida das pessoas – pelo menos daquelas com as quais convivi – traduz-se em palavras; a nossa, em atos. E eis que foi o chefe dos estábulos que recebeu o direito de me chamar de "meu cavalo"; por isso açoitou o cavalariço. Essa descoberta me deixou profundamente impressionado e [...] levou-me a me tornar o malhado ensimesmado e sério que eu sou.

Liev Tolstói. *O diabo e outras histórias*. São Paulo: Cosac & Naify, 2003.

Por dentro do texto

1 O texto apresenta um narrador-personagem. Quem narra a história?

_____

2 Releia este trecho em que a personagem principal expõe suas ideias. Em seguida, responda à questão.

> O homem diz: "minha casa", mas nunca mora nela, preocupa-se apenas em construí-la e mantê-la. O comerciante diz: "meu bazar", "meu bazar de lãs", por exemplo, mas não tem roupa feita das melhores lãs que há em seu bazar. Existem pessoas que chamam a terra de "minha", mas nunca a viram nem andaram por ela. Existem outras que chamam de "meus" outros seres humanos, mas nenhuma vez sequer botaram os olhos sobre eles, e toda a sua relação com essas pessoas consiste em lhes causar mal.

a) Que ideia vai sendo construída no texto pela repetição das expressões "O homem diz", "O comerciante diz", "Existem pessoas", "Existem outras"?

_____
_____

b) O que o cavalo percebeu a respeito do uso que os humanos faziam da palavra **meu**? Que relação ele percebe entre essa palavra e o conceito de felicidade?

_____
_____
_____

3 O dono do cavalo era quem cuidava dele? O que o cavalo pensava a respeito desse fato?
_____
_____

4 O cavalo conseguia compreender esse tipo de comportamento? Transcreva um trecho que comprove a sua resposta.
_____
_____

5 Que sentido a palavra **meu** tinha para o narrador-personagem, o cavalo?
_____
_____

6 É possível afirmar que, no texto, a personagem cavalo foi humanizada? Por quê?
_____
_____

7 No conto em estudo, há uma inversão entre o que é humano e o que é animal. Explique.
_____
_____

8 Leia o texto a seguir e responda às próximas questões.

> São muitas as marcas conhecidas. [...]
>
> Sem dúvida, existem marcas boas, que oferecem qualidade e preço justo do produto, nas quais o consumidor adquire confiança.
>
> Como também existem as marcas que se aproveitam de certas modas ou da fama e cobram muito mais do que realmente o produto vale.
>
> Será que vale a pena fazer grandes sacrifícios, pagar muito dinheiro, só para ter uma determinada marca e se exibir para sua turma?
>
> Ou será que você também é um produto que vai ser vendido, e a marca que você comprou funciona como sua embalagem?
>
> <small>Liliana Iacocca; Michele Iacocca; Oriana M. White. *Consumir é...* São Paulo: DeLeitura, 1999.</small>

a) Os questionamentos apresentados no texto acima estabelecem alguma relação com as ideias defendidas pelo cavalo, personagem protagonista do conto? Justifique sua resposta.

_____

_____

b) Leia o trecho em destaque no texto. O que você pensa sobre esse questionamento?

_____

_____

DE OLHO NA ESCRITA

Uso de mau/mal e bom/bem

1 Leia as frases a seguir:

> Ele não é um **mau** aluno e ainda é um **bom** colega.
> Comi algo que não me caiu **bem**. Estou passando **mal**.

Responda:

a) Em qual das frases as palavras em destaque correspondem a características?

_____

b) Leia esta:

> Um deles joga **mal** e o outro joga muito **bem**.

- Assinale a alternativa correta. Na segunda frase, as palavras **bem** e **mal** indicam:

( ) As características do alimento que foi consumido.

( ) A indefinição do que aconteceu.

( ) As circunstâncias que envolvem a ação de "jogar".

Importante saber

- A palavra **mau** é um adjetivo. Mau é o contrário de bom.

Veja um exemplo de uso dessa palavra, em oposição ao adjetivo "bom".

O vilão é um homem mau. Já o herói, o príncipe, é um bom sujeito.

> • A palavra **mal** pode ser:
>
> a) Advérbio:
>
> Ela explicou **mal** o que havia acontecido.
>
> b) Substantivo:
>
> Nenhum **mal** irá nos atingir.
>
> c) Conjunção:
>
> **Mal** chegou já foi cumprimentando a todos. (Tão logo chegou.../Assim que chegou...)
>
> **Uma dica:** lembre-se de que **mal** é o contrário de **bem** e **mau** é o contrário de **bom**.

2 Complete as frases populares e os provérbios com **mal/mau/bem/bom**.

a) Fazer o _____ sem olhar a quem.

b) O _____ filho à casa retorna.

c) Amigo é igual a parafuso: a gente só vê se é _____ na hora do aperto.

d) Para _____ entendedor, meia palavra basta.

e) Má companhia torna o _____ mau e o _____ pior.

f) Bem _____ ceia quem come de mão alheia.

g) Não gozes com o _____ do teu vizinho, porque o teu vem a caminho.

h) O homem violento alicia o seu vizinho, e guia-o por um caminho que não é _____.

3 Releia este trecho do texto.

> "Existem outras que chamam de meus outros seres humanos, mas nenhuma vez sequer botaram os olhos sobre eles, e toda a sua relação com essas pessoas consiste em lhes causar **mal**."

a) Identifique a classe gramatical da palavra em destaque.

_____

_____

b) Escreva a palavra que corresponde ao contrário da palavra em destaque.

_____

_____

175

4 Complete as expressões em destaque para formar expressões contrárias. Para isso, use as palavras: boa, bem, bom, mal, mau, má.

a) _____-humorado / Mal-humorado

b) Menino bom / Menino _____

c) Bem-estar / _____-estar

d) Bem passado / _____ passado

e) _____ educação / Má educação

f) Boa sorte / _____ sorte

g) _____ ideia / Má ideia

h) _____ gosto / Mau gosto

5 Pesquise a grafia das expressões contrárias às que estão a seguir:

a) bem-comportado:

_____

b) bem-visto:

_____

c) bem-vestido:

_____

- O que chama a atenção com relação à grafia dessas palavras?

_____

_____

6 Forme frases com as expressões a seguir.

- boa vontade

_____

- má sorte

_____

- bem-vindo

_____

- má ideia

_____

- bem-estar

_____

176

PRÁTICA DE LEITURA

Texto 2 – Propaganda

O Brasil tem um pé no samba.
E outro na bossa nova.
Tem um pé branco, um pé negro
e outro no meio: o da mulata.
Tem um pé pentacampeão mundial de futebol.
(Tem até uma mão para ser campeão de vôlei).
Tem um pé de seriguela. Outro de umbu.
De cajá. De graviola, jabuticaba, banana,
tamarindo, pitomba, caju.
Tem pé de limão
que junta com pé de cana-de-açúcar
e faz caipirinha.
Tem pé-quente.
Pé-frio não tem, que não combina
nem com sandália nem com a vida.
Tem um pé na capoeira, outro no baião,
outro no forró, onde tem arrasta-pé.
Tem um pé para namorar a moça
e outro para dar no pé se o pai dela descobre.
Tem pé-de-moleque. Pé-de-chumbo.
Pé-de-galinha (que é o pé-de-meia
do cirurgião plástico).
Tem até pé-de-vento,
para dar sossego nesse calor.

Enfim, esse é um país que tem e dá pé. Mas o que esse pé tão brasileiro quer mesmo – ah, se quer – é calçar umas Havaianas e ficar ele, pé, de pé para cima.

havaianas

Feliz 2005.

Veja, n.1.886. São Paulo: Abril, 5 jan. 2005.

Por dentro do texto

1 Quais são os elementos visuais que aparecem na imagem?
_____
_____

2 Quais são as cores usadas na propaganda? Por que você acha que elas foram escolhidas?
_____
_____

3 Faça uma lista do que você encontrou no texto a respeito dos seguintes elementos.

- Frutas.
_____
_____

- Arte, música, dança.
_____
_____

- Comida ou bebida.
_____
_____

- Esportes.
_____
_____

• Por que esses elementos estão presentes na propaganda?
_____
_____
_____

4 Que palavra bastante recorrente na propaganda representa uma parte de um todo?
_____

a) De que todo essa palavra é parte?
_____

b) Por que você acha que ela foi muito usada? Explique.
_____

5 Essa palavra aparece com sentidos diferentes. Esse uso produz um bom resultado na propaganda, desperta o interesse do público? Por quê?
_____
_____

DE OLHO NA ESCRITA

1) Nos versos abaixo, por que não é preciso repetir a palavra **pé** para se referir aos frutos mencionados?

> "Tem um pé de seriguela. Outro de umbu.
> De cajá. De graviola, jabuticaba, banana,
> tamarindo, pitomba, caju."

_____
_____

2) Em sua opinião, a repetição da palavra pé é adequada nesse contexto? Por quê?

_____
_____

3) Desvende o que querem dizer as seguintes expressões.

- Pé de chumbo.

- Pé de galinha.

- Pé-frio.

- Pé de vento.

- Pé-de-meia.

- Pé de moleque.

REFLEXÃO SOBRE O USO DA LÍNGUA

Aposto

1) Observe o trecho abaixo. Qual é a função do termo em destaque?

> O Brasil tem um pé no samba.
> E outro na bossa nova.
> Tem um pé branco, um pé negro e
> outro no meio: **o da mulata**.

2 Que palavra no trecho abaixo tem a mesma função que a expressão em destaque no exercício 1? Que termo da frase ela está explicando?

> "Mas o que esse pé tão brasileiro quer mesmo – ah, se quer – é calçar umas Havaianas e ficar ele, pé, de pé para cima."

3 Retome os exercícios 1 e 2 e responda: que pontuação foi utilizada nos dois casos para separar a palavra ou expressão que explica um termo da frase?

Importante saber

Ao termo da oração que explica ou resume um termo anterior, damos o nome de **aposto**.

De modo geral, o aposto vem separado do termo a que se refere por vírgula ou dois-pontos. Veja os exemplos.

"Este é o pé-de-meia do cirurgião plástico: o pé de galinha."
↓
aposto

"Nosso país, o Brasil, tem um pé no samba e outro na bossa-nova."
↓
aposto

Há casos em que o aposto especifica ou individualiza o termo anterior. Quando isso ocorre, ele não é separado por vírgulas. Veja.

"Todo pé quer sandálias Havaianas."
↓
aposto

Aplicando conhecimentos

1) Assim como o vocativo, na frase o aposto pode vir separado por vírgulas. Explique a diferença de sentido na frase abaixo, se o termo em destaque for considerado um aposto ou um vocativo.

Carlos, **meu amigo**, partirá em breve.

_____
_____
_____

2) Para revisar o que você aprendeu até o momento, identifique, nos casos abaixo, a função sintática dos termos e das expressões separados da frase por meio da vírgula.

a) A torcida, **naquele dia**, esperava que ele, **o artilheiro do time**, fizesse o gol.

_____

b) **Na cidade de São Paulo**, há um número enorme de teatros e museus, **meus senhores**.

_____

c) Minha mãe, **descendente de holandeses**, nunca visitou a Europa, **continente de seus ancestrais**.

_____

d) Francamente, **Dona Ana**, não sei o que lhe dizer.

_____

3) Empregue a vírgula na separação dos termos sintáticos indicados abaixo.

- Vocativo:

a) Não é possível lidar com esse problema minha amiga.

b) Carlos a viagem foi inesquecível!

c) Professor posso fazer o trabalho com a Gabriela?

d) Resolvi então perguntar ao bibliotecário: "Moço os livros novos chegaram?".

- Aposto:

e) A maternidade pública local mais procurado pelas mulheres do local foi reaberta.

f) Mariana menina doce e sincera passou a tratar as pessoas com indiferença.

g) Esse tipo de violência o *bullying* não deve passar despercebido.

h) Cristóvão o funcionário responsável pela loja abriu as portas às oito da manhã.

4 Crie um aposto para cada frase com base nas situações dadas entre parênteses.

a) Milena, _____, apresentou-se no Teatro Municipal no domingo. (universo da dança)

b) Murilo, _____, participa do campeonato todo ano. (universo do esporte)

c) Fábio, _____, continua a vender seus produtos de porta em porta. (universo profissional)

d) O filme em cartaz, _____, foi visto por milhares de espectadores. (universo do cinema)

e) Para fazer o trabalho, os alunos do 7º ano devem trazer, na próxima aula, os seguintes materiais: _____. (universo escolar)

5 Há situações em que o aposto resume o termo anterior. Observe um exemplo em que a palavra "tudo" resume o que foi dito antes:

Presentes, miudezas, objetos decorativos, **tudo** na loja estava exposto com capricho.

- Sublinhe, nas frases a seguir, o aposto que resume as informações apresentadas anteriormente.

a) Os alunos, a professora, os pais, os funcionários da escola, todos ajudaram no evento.

b) Leia os contos "Felicidade Clandestina", "Laços de família", "A menor mulher do mundo": textos da grande autora Clarice Lispector.

c) Os policiais, os seguranças, os porteiros, ninguém percebeu o roubo.

d) Mágoa, tristeza, vingança: coisas que eu quero bem longe de mim.

PRÁTICA DE LEITURA

Texto 3 - Propaganda

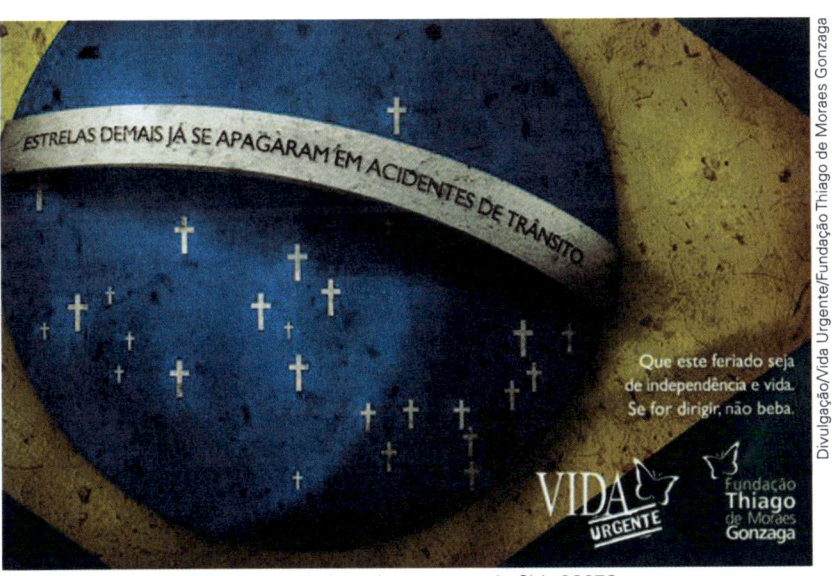

Disponível em: <http://ccsp.com.br/novo/pop_pecas.php?id=38078>.
Acesso em: 22 fev. 2012.

Por dentro do texto

1 O anúncio usa como imagem a bandeira brasileira.

a) O que há de diferente nessa bandeira em relação à original?

_____

_____

b) O que as cruzes estão representando?

_____

_____

c) O que o substantivo "estrelas" está simbolizando?

_____

_____

2 Releia esta frase, situada no canto inferior direito:

> "Que esse feriado seja de independência e vida."

- A expressão "independência e vida" usada nesse enunciado é uma referência a qual frase histórica? Quando ela foi dita?

_____

_____

3 A que feriado o anúncio se refere? Que elementos do texto nos permitem chegar a essa conclusão?

_____

_____

4 É possível afirmar que essa propaganda tem por objetivo vender um produto? Por quê?

_____

_____

Importante saber

A propaganda (ou anúncio publicitário) também pode vender ao público uma ideia. Ela costuma apresentar um *slogan*, frase criativa que pretende chamar a atenção do leitor.

As propagandas também são caracterizadas pelo fato de, geralmente, apresentarem texto verbal e visual.

5 Observe agora mais uma propaganda.

Sem a sua ajuda, as vítimas do câncer têm muito mais a perder.
Acesse www.lbcc.org.br e faça uma doação.

Disponível em: <http://ccsp.com.br/novo/pop_pecas.php?id=23387>. Acesso em: 22 fev. 2012.

- Esse anúncio pretende convencer seu público a "comprar" um produto ou uma ideia? Qual?

_____

_____

6 Preste atenção à palavra "Esperança" que ilustra esse anúncio.

a) Como parece ter sido escrita essa palavra?

_____

b) De que forma essa palavra está relacionada ao texto que acompanha o anúncio?

_____

_____

Texto e construção

Que tal demonstrar o que aprendeu sobre publicidade, analisando propagandas divulgadas pela TV?

Analise em grupo algumas propagandas que seu professor apresentar ou às quais você assistiu em casa, de acordo com o que foi combinado.

Leia a seguir sugestões de questões para discussão em grupo.

185

1 O que diz a propaganda?

2 A propaganda transmite alguma informação associada a qualidades pessoais que você desejaria ter?

3 Que relação foi estabelecida entre as imagens veiculadas e o produto anunciado? Essa relação despertou em você vontade de comprar o tal produto? Por quê?

4 Na propaganda, há alguma marca linguística que contribuiu para a construção do texto ou para causar nele algum efeito?

5 Há mais referência à qualidade material do produto anunciado (informações mais objetivas) ou aos desejos do público-alvo (informações mais subjetivas)?

6 A que público a propaganda se dirige? Como você concluiu isso?

7 Em que canal e no intervalo de que programa de TV ela foi veiculada?

8 Por que essa propaganda foi veiculada nesse tipo de programa?

9 No intervalo de que outro programa de TV você imagina que ela poderia ser veiculada? E em qual momento ela jamais seria transmitida? Por quê?

10 Dê sua opinião sobre a propaganda. Se fosse você que a tivesse criado, mudaria alguma coisa? Como procederia, o que faria para aprimorá-la ou transformá-la?

REFLEXÃO SOBRE O USO DA LÍNGUA

Verbo – modo imperativo (revisão)

1 Leia o boxe a seguir, que trata do modo verbal imperativo.

> **Lembre-se**
> O verbo está no **modo imperativo** quando expressa uma ordem, um pedido, um conselho, um apelo, uma súplica.

- Assinale, entre as frases a seguir, aquela em que os verbos estão no modo imperativo.

(   ) Se eu fizer todos os trabalhos esta semana, poderei viajar na semana que vem.

(   ) Faça todos os trabalhos esta semana e viaje tranquilo na semana que vem.

(   ) Fizeram os trabalhos esta semana para viajar na semana que vem.

2 Releia a propaganda:

Disponível em: <http://ccsp.com.br/novo/pop_pecas.php?id=23387>. Acesso em: 22 fev. 2012.

a) O enunciado "Esperança", formado de apenas uma palavra, corresponde a uma frase ou oração?

_____
_____

b) Reescreva o enunciado empregando o verbo no imperativo afirmativo, de modo a comunicar a mesma mensagem da propaganda original.

_____
_____

Lembre-se

Não há primeira pessoa do singular na formação do imperativo. Para relembrar, observe a conjugação do verbo "estudar" no modo imperativo afirmativo e negativo.

Imperativo afirmativo	Imperativo negativo
-	-
estuda tu	Não estudes tu
estude você	Não estude você
estudemos nós	Não estudemos nós
estudai vós	Não estudai vós
estudem vocês	Não estudem vocês

3 A propaganda que Mafalda lê na tira a seguir é direta ao transmitir sua mensagem e usa argumentação objetiva para convencer o consumidor. Observe.

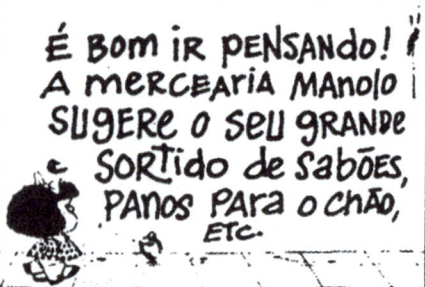

Quadro 1: Filhos! Que oferecer à mamã no seu dia?

Quadro 2: É bom ir pensando! A mercearia Manolo sugere o seu grande sortido de sabões, panos para o chão, etc.

Quadro 3: Não se esqueçam de que uma mãe cansada bate com menos força.

Quino. *O regresso da Mafalda*. Lisboa: Dom Quixote, 1984.

a) Qual é o público-alvo da propaganda criada por Manolo?

b) Como a mãe é caracterizada no texto?

c) Qual é a mensagem da propaganda?

d) Que verbo se encontra no imperativo?

e) O que provoca humor no texto?

f) Reescreva esta frase, empregando o verbo **pensar** no imperativo: "É bom ir pensando!".

4 Depois de reescrever a frase destacada na questão 3 ítem f, responda.

a) A alteração do modo verbal provocou mudanças no sentido do texto?

b) Qual das frases, na sua opinião, tem maior capacidade de convencimento? Por quê?

5) A tira a seguir usa o modo imperativo afirmativo e negativo. Leia e divirta-se.

> — Um gavião!
> — Escondam-se embaixo da minha asa!
> — Nós preferimos o gavião!
> — Não passe ridículo!! Use desodorante "Cocoricó".

Fernando Gonzales. Níquel Náusea. *Folha de S.Paulo*, 19 dez. 1993. Ilustrada.

a) Copie os verbos que estão na forma negativa e afirmativa do imperativo.

_____

b) Identifique a pessoa do discurso a que esses verbos se referem: tu, nós, vós, você ou vocês.

_____

6) Releia outra propaganda:

PARÁ. AJUDE ESSA ESTRELA A BRILHAR.

a) Transcreva o verbo que está no imperativo.

_____

b) Reescreva o texto da propaganda, supondo que a intenção dela seja convencer as pessoas a irem para o estado do Pará com a finalidade de fazer turismo. Para isso, use o modo imperativo do verbo.

189

PRODUÇÃO DE TEXTO

PRIMEIRA SUGESTÃO

Neste capítulo, você pôde perceber que nem sempre as propagandas estão relacionadas à venda de produtos. Elas também veiculam ideias. Observe a propaganda a seguir e leia as orientações para uma atividade em grupo.

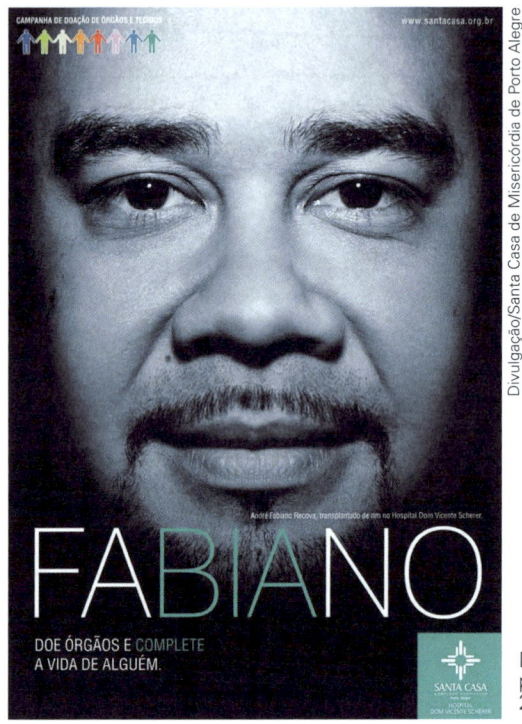

Disponível em: <http://ccsp.com.br/novo/pop_pecas.php?id=32328>. Acesso em: 22 fev. 2012.

- Sob a orientação do professor, forme grupos e analise a propaganda, respondendo às seguintes questões:

1 Qual é o objetivo dessa propaganda?

_____

2 Para transmitir sua mensagem, o produtor do texto fez um jogo usando nomes e cores.

a) Quem é Fabiano?

_____
_____

b) Observe que algumas letras que compõem o nome Fabiano estão em verde. Que nome elas formam? Quem seria essa pessoa?

_____
_____

c) Qual a intenção do autor ao usar o verde para compor três das letras do nome Fabiano e a palavra "complete"?

3 É possível afirmar que essa propaganda apresenta um apelo emocional? Por quê?

4 Em sua opinião, esse texto consegue atingir o objetivo a que se propõe? Por quê?

5 Se você tivesse criado esse anúncio, mudaria alguma coisa para aprimorá-lo ou para transformá-lo?

- Compartilhe as respostas de seu grupo com os demais e verifique se há semelhanças entre as análises.

- Esse anúncio servirá de ponto de partida para você e seu grupo elaborarem uma propaganda de conscientização. Para isso, escolham um dos temas seguintes.
    1. Consumo consciente da água.
    2. Outro tema para a campanha escolhido por vocês.

SEGUNDA SUGESTÃO

Em grupo, produzam um texto publicitário que tenha como *slogan* uma das seguintes frases:
Frase 1: Você é o que você...
Frase 2: Você é cidadão.
Considerem as seguintes condições.

- O público-alvo são jovens da sua faixa etária.

- O objetivo é chamar a atenção do público-alvo para a importância do jovem como cidadão, e não como um número estatístico de uma massa de consumidores.

- Antes de produzir o texto, discutam as ideias em grupo. Será preciso um planejamento prévio para selecionar o conteúdo, as imagens, o tipo de letra que será usada etc.

- Decida com seus colegas de grupo como essas propagandas serão veiculadas ou expostas: jornal da escola? Mural? Cartazes? Folhetos?

- Para produzir o seu texto, considerem as características de uma propaganda estudada neste capítulo.

PLANEJE SEU TEXTO

Respondam a cada um dos itens do quadro como modo de planejamento. Ampliem o número de itens, se precisarem. Verifiquem se cumpriram o planejado na hora de avaliar o texto.

PARA ESCREVER O ANÚNCIO PUBLICITÁRIO	
1. Qual é o público leitor do texto?	
2. Que linguagem vamos empregar?	
3. Qual é a estrutura que o texto vai ter?	
4. Onde o texto vai circular?	

ORIENTAÇÕES PARA A PRODUÇÃO

1. Para produzir o texto, retomem as principais características e objetivos de um anúncio publicitário.

2. Produzam o *slogan* e o texto verbal da propaganda, que deve ser sucinto.

3. Escolham bem a imagem para compor o texto. Ao selecioná-la, verifiquem se ela vai combinar com o texto verbal que vocês produziram e perguntem: o que ela comunica ao leitor na situação em que foi apresentada?

4. Uma propaganda acomoda a linguagem informal mas, dependendo do objetivo de seu texto, exagerar na informalidade pode impedir que vocês atinjam seus objetivos. Então fiquem atentos ao grau de informalidade usado no texto.

5. Depois de decidir se a imagem está adequada, façam um esboço de como texto e imagem vão compor o espaço da folha: experimentem mais de um modo de apresentar esses elementos e observem qual deles resulta na melhor composição.

AVALIAÇÃO E REESCRITA

1. Antes de publicar a propaganda, releiam-na e verifiquem se, de fato, o texto cumpre os objetivos estabelecidos por vocês. Retomem o que desejaram comunicar, o que vocês quiseram mobilizar no leitor com o texto. Para isso, peçam que outras pessoas leiam o anúncio: pode ser um familiar, um amigo, o professor.

2. Observem se a estrutura e o conteúdo do texto estão adequados ao gênero textual escolhido para a produção.

3. Revisem o texto verbal e componham a imagem e o texto verbal na folha definitiva.

Apêndice

I. Acentuação gráfica

Regras

Acentuam-se

1. Monossílabos: tônicos terminados em:

a(s): já, vá, lá, pás, más

e(s): dê, fé, lê, vês, és

o(s): dó, nó, pó, nós, vós

2. Oxítonas: terminadas em:

a(s): está, Paraná, Ceará, guaranás, sofás

e(s): até, José, dendê, cafés, vocês

o(s): cipó, jiló, Maceió, compôs, após

em(ns): alguém, porém, ninguém, vinténs, parabéns

3. Paroxítonas: terminadas em:

l: ágil, amável, cônsul, sensível, fácil

n: próton, elétron, Nélson, Gérson, hífen

r: hambúrguer, repórter, mártir, caráter, cadáver

x: ônix, tórax, Félix, fênix, látex

i(s): júri, lápis, táxi, tênis

us: vírus, Vênus, bônus

um(ns): álbum, médium

ã(s)/ão(s): órfã, ímãs, órgão, órfãos

ditongo crescente: várias, colégio, água, sério, mágoa

ps: bíceps, tríceps, fórceps

4. Proparoxítonas: todas são acentuadas: épocas, única, matemática, química, pêssegos, príncipes, esplêndido, técnico.

> **Observação 1**
>
> Não se acentuam os ditongos abertos **ei** e **oi** das palavras paroxítonas.
>
> Exemplos: alcateia, claraboia, apoio, colmeia.
>
> **Observação 2**
>
> Não se acentuam as palavras paroxítonas cujas vogais tônicas **i** e **u** são precedidas de ditongo.
>
> Exemplos: baiuca, boiuno, feiura, saiinha (de saia).

Outros casos de acentuação

Verbo ter e vir

singular	plural
ele tem	eles têm
ele vem	eles vêm

Derivados dos verbos ter e vir

singular	plural
ele contém	eles contêm
ele mantém	eles mantêm
ele obtém	eles obtêm
ele detém	eles detêm
ele retém	eles retêm
ele intervém	eles intervêm
ele sobrevém	eles sobrevêm
ele advém	eles advêm

Palavras com ee e oo(s)

Não são acentuadas as formas verbais creem, deem, leem, veem e seus derivados: descreem, desdeem, releem, reveem.

Não é acentuado o penúltimo **o** do hiato **oo(s)** (voo, enjoo, zoo).

Ditongos abertos em palavras oxítonas: éi, éu, ói, seguidos ou não de **s**.

éi(s): pastéis, anéis, pincéis, Rafaéis, papéis

éu(s): chapéus, céu, véus, fogaréu

ói(s): constrói, herói, lençóis

Hiato

i(s): traída (tra-í-da), faísca (fa-ís-ca), raízes (ra-í-zes)

u(s): miúdo (mi-ú-do), ciúme (ci-ú-me), viúva (vi-ú-va)

Observação

As vogais **i/u** apenas receberão acento se estiverem sozinhas na sílaba ou **seguidas de s**.

Exceção: nh → rainha (ra-i-nha), moinho (mo-i-nho).

Grupo gue, gui, que, qui

Segundo o Novo Acordo Ortográfico, não se usa mais o acento agudo quando o **u** for tônico.

Exemplos: averigue, argui, apazigue, oblique.

Acento diferencial

pôr (verbo) ≠ por (preposição)
pôde (passado) ≠ pode (presente)

> **Observação**
>
> É facultativo o uso do acento circunflexo para diferenciar **fôrma** e **forma**.
> Exemplo: Qual é a **forma** da sua **fôrma** de bolo?

Acento muda o sentido

as / ás
baba / babá
bebe / bebê
cai / caí
camelo / camelô
coco / cocô
de / dê
esta / está
exercito / exército
maio / maiô

mas / más
pais / país
para / pará
pode / pôde
por / pôr
publico / público
revolver / revólver
sai / saí
saia / saía
secretaria / secretária

Emprego da crase

Crase: contração da preposição **a** com o artigo feminino **a(as)**.
   Indicamos a crase com o acento grave: **à**, **às**.
   Exemplo: Fui **a** (preposição) + **a** (artigo) secretaria.
   Fui **à** secretaria.

> **Observação**
>
> Só usamos crase diante de palavras femininas que admitem artigo (**a/as**) e dos demonstrativos aquele(s), aquela(s), aquilo, se o termo que o anteceder admitir a preposição **a**.
> Exemplo: As moças dirigiram-se **a** (preposição) + aquele barco.
>   As moças dirigiram-se **à**quele barco.

Não se usa crase

• Antes de palavras masculinas, verbos e pronomes em geral (exceção: senhor, senhora e senhorita).

Exemplo: Não vá **a** pé para a escola.
        Começou **a** chover novamente.
        Referi-me **a** ela e não **a** você.

> **Observação**
>
> Quando há crase antes de nome masculino é porque há uma palavra feminina subentendida: à **moda**.
>
> Exemplos: gol **à** Pelé (à moda Pelé), decoração **à** Luís XV (à moda Luís XV).

- Diante da palavra casa no sentido de lar ou moradia.

    Exemplo: Chegamos cedo a casa.

> **Observação**
>
> Quando casa for especificada, há crase.
>
> Exemplo: Chegamos cedo **à** casa **de seus pais**.

- Diante de nomes próprios que não admitem o artigo **a**.

    Exemplo: Iremos **a** Brasília em novembro.
- Diante de palavras repetidas.

    Exemplo: Ficaram cara **a** cara.
- Na locução **a distância**, quando a noção da distância não for definida.

    Exemplo: Fiz o curso **a** distância.

> **Observação**
>
> Usa-se a crase quando a distância estiver definida.
>
> Exemplo: Mantenha o carro à distância de 50 metros.

Casos facultativos

- Com os pronomes possessivos femininos.

    Exemplo: Não irei **à (a)** sua casa neste fim de semana.
- Com a preposição até.

    Exemplo: Fui até **à (a)** escola.
- Antes de nome de mulher.

    Exemplo: Fez uma referência **à (a)** Paula.

II. Pontuação

Ponto final (.)

Empregado para encerrar o período e nas abreviaturas.

Você é um grande amigo**.**

V.Sª. (Vossa Senhoria), p. (página), av. (avenida)

Ponto e vírgula (;)

- Separa orações de um período longo, em que já existam vírgulas.

    Os organizadores do evento, munidos da identificação, entrarão pelo portão A; os menores, acompanhados dos pais, entrarão pelo portão B; o público, pelo C; e as autoridades por qualquer deles.

- Separa os itens de enunciados, leis, decretos, considerandos, regulamentos.

    Por este regulamento, é dever da diretoria:

    a) zelar pelo bom nome da entidade;

    b) promover, principalmente por campanhas e festas, a ampliação do quadro de sócios;

    c) convocar periodicamente os encarregados de cada setor para reuniões.

Dois-pontos (:)

Enumerações, nas exemplificações, antes da citação da fala ou da declaração de outra pessoa, antes das orações apositivas.

Tinha tudo: amor, amigos, casa, dinheiro, emprego.

Virou-se repentinamente e disse-lhe:
– Quer sair comigo?

Desejo-lhe apenas isto: que seja feliz.

Vírgula (,)

- Para separar elementos de uma enumeração.

    Vendeu tudo que tinha: casa, carro, joias, ações.

- Para separar vocativos e apostos.

    Pessoal, atenção!

    Paulo, o engenheiro, viajou.

- Para separar orações intercaladas.

    A felicidade, dizia um amigo meu, é uma conquista de cada um.

- Para separar adjuntos adverbiais no início ou meio da frase.

    Carinhosamente, o filho abraçou os pais.

    Carlos, amanhã, fará uma prova difícil.

- Para indicar elipse do verbo, isto é, supressão de um verbo subentendido.

    Adoro teatro; Alberto, cinema.

- Para separar expressões explicativas.

    Gastaram tudo o que tinham, ou melhor, quase tudo.

- Nas datas, separando o nome do lugar.

    São Paulo, 10 de fevereiro de 2006.

Ponto de interrogação (?)

- Indica pergunta direta. Se associado ao ponto de exclamação, indica uma pergunta admirada.

    Quando você viaja?

    Essa casa velha custa mais de cem mil reais?!

Ponto de exclamação (!)

- Indica surpresa, espanto, admiração, dó, ordem.

    Quanta gente!
    Oh! que pena que não irá conosco!
    Desça daí!

Reticências (...)

- Indicam interrupção do pensamento, dúvida.

    Que dia você nasceu? Deixe-me ver... é dia cinco... não... sete de março.

    Eu... gostaria de... lhe... pedir... um... favor...

Parênteses ( )

- Intercalar palavras e expressões de explicação ou comentário.

    Escreveu muitos artigos (mais de cem) para uma revista científica.

Travessão (–)

- Mudança de interlocutor nos diálogos, para isolar palavras ou frases e para destacar uma parte de um enunciado.

    Essas cestas básicas são para os assistidos na campanha – explicou.

    Foi uma grande liquidação – disse a sogra.

    – Quem telefonou para mim, mãe?
    – Até agora, ninguém.

> **Observação**
>
> O travessão pode, às vezes, substituir a vírgula ou os parênteses.
>
> Muitos livros da biblioteca – inclusive uma enciclopédia – não foram devolvidos.

Aspas (" ")

- Destacam palavras ou expressões, palavras estrangeiras ou gírias, artigos de jornais ou revistas, títulos de poemas.

    Você já leu o poema "Soneto da fidelidade", de Vinicius de Moraes?

Assistiremos ao **"show"** dos Titãs.

O filme foi **"o maior barato"**.

- Antes e depois de citação de frases de outros.

    O bom livro, já dizia o padre Vieira, **"é um mudo que fala, é um cego que guia"**.

Formas variantes

aluguel / aluguer

assoalho / soalho

assobiar / assoviar

cãibra / câimbra

catorze / quatorze

catucar / cutucar

chipanzé / chimpanzé

cociente / quociente

enfarte / infarto

enumerar / numerar

flauta / frauta

flecha / frecha

loiro / louro

maquiagem / maquilagem

piaçava / piaçaba

vassoura / bassoura

Palavras que causam dúvida

1. a / há / ah

A = futuro / lugar

   Daqui **a** dois dias viajarei.

   São oito quilômetros daqui **a** Guarulhos.

   Ontem fui **a** Brasília.

Há = passado (= faz) / sinônimo de existir

   Há (= faz) dias não o vejo.

   Há (= existem) muitas oportunidades aqui.

Ah = surpresa / espanto / admiração

   Ah, era você que estava assustando as crianças!

   Ah, quanta alegria em vê-lo!

2. por que / por quê / porque / porquê

por que = perguntas em início de frase / ou quando indicar motivo / razão / pelo(a) qual

   Por que faltou à aula ontem?

   Não sabemos **por que** (= o motivo) agiu dessa forma.

   A estrada **por que** (= pela qual) passamos não era asfaltada.

por quê = final de frase (com ou sem pergunta)

   Não foi ao teatro **por quê**?

   A festa foi cancelada e ninguém sabe **por quê.**

porque = resposta

    Não irei à festa **porque** terei de trabalhar.

porquê = substantivo; usado depois de artigo ou pronome

    Ninguém descobriu ***o porquê*** de tanta confusão.

    Dizem que havia ***muitos porquês*** para a confusão.

3. mas / más / mais

Mas = contrário / sinônimo de porém, entretanto, todavia, contudo

    O time jogou muito bem, **mas** perdeu.

Más = oposto de boas

    São garotas **más**.

Mais = oposto de menos

    Se quiser **mais** informações, telefone-me.

4. ao encontro / de encontro

Ao encontro = aproximar-se, concordar

    Fui **ao encontro** de meus amigos.

    Suas ideias vão **ao encontro** do que acredito.

De encontro = ir contra, chocar-se

    Suas ideias vão **de encontro** ao que acredito.

    O carro foi **de encontro** ao poste.

O hífen

Nos compostos

1. Emprega-se o hífen nos compostos sem elemento de ligação quando o primeiro termo, por extenso ou reduzido, estiver representado por forma substantiva, adjetiva, numeral ou verbal.

primeiro-ministro
arcebispo-bispo
decreto-lei
mesa-redonda
luso-africano
és-sueste
joão-ninguém

tenente-coronel
boa-fé
afro-brasileiro
ano-luz
vaga-lume
porta-aviões
porta-retrato

> **Observação**
>
> Alguns compostos perderam, em certa medida, a noção de composição, por isso, passaram a ser escritos aglutinadamente: *paraquedas*, *paraquedistas* (*paraquedismo*, *paraquedístico*), *giras-sol*, *madressilva*, *pontapé*, *mandachuva*.

2. Usa-se hífen nos elementos repetidos, com ou sem alternância vocálica ou consonântica, como em: *lenga-lenga, zás-trás, blá-blá-blá, reco-reco, zum-zum, zigue-zague, pingue-pongue, tico-tico, trouxe-mouxe.*

> **Observação**
>
> Escrevem-se com hífen os compostos que levam o apóstrofo: *olho-d'água, mestre-d'armas, mãe-d'água.*

3. Recebem o hífen os compostos sem elemento de ligação quando o primeiro elemento for **além**, **aquém**, **recém**, **bem** e **sem**.

recém-casado
além-Atlântico
recém-eleito
além-mar
aquém-mar
bem-criado
bem-aventurado

bem-estar
sem-vergonha
bem-humorado
bem-ditoso
sem-cerimônia
sem-número

> **Observação**
>
> Vários compostos apresentam o advérbio **bem** aglutinado ao segundo elemento, quer este tenha ou não vida à parte: *benfazejo, benfeito, benfeitor, benquerença* (e derivados: *benfeitoria, benfazer, benquerer, benquisto, benquistar*).

4. Emprega-se o hífen nos compostos sem elemento de ligação quando o primeiro elemento for representado pela forma **mal** e o segundo elemento começar por **vogal**, **h** ou **l**.

mal-limpo
mal-afortunado
mal-humorado

mal-informado
mal-obstruído
mal-estar

> **Observação**
>
> Quando **mal** se aplica a doença, grafa-se com hífen: *mal-francês* (= sífilis).

5. O hífen é empregado em nomes geográficos compostos pelas formas **grão**, **grã**, ou por forma verbal ou ainda naqueles ligados por artigo.

Trás-os-Montes
Abre-Campo
Grã-Bretanha

Baía de Todos-os-Santos
Grão-Pará

> **Observação 1**
>
> Outros nomes geográficos compostos serão escritos separadamente, sem o hífen: *Cabo Verde*, *América do Sul*, *Belo Horizonte*, *Castelo Branco*, *Freixo de Espada à Cinta* etc. O topônimo *Guiné-Bissau* é uma exceção consagrada pelo uso.
>
> **Observação 2**
>
> Levam hífen os gentílicos derivados de topônimos compostos grafados ou não com elementos de ligação: *belo-horizontino*, *mato-grossense-do-sul*.

6. Emprega-se o hífen em todos os compostos que designam espécies botânicas, zoológicas, estejam ou não ligadas por preposição ou qualquer outro elemento.

ervilha-de-cheiro

abóbora-menina

couve-flor

erva-doce

feijão-verde

bênção-de-deus

erva-do-chá

fava-de-santo-inácio

bem-me-quer (mas *malmequer*)

> **Observação**
>
> Os compostos que designam espécies botânicas e zoológicas grafados com hífen pela norma descrita não serão hifenizados quando forem aplicados com um sentido diferente: *bola-de-neve* (com hífen) significa arbusto europeu, e *bola de neve* (sem hífen) significa aquilo que cresce rapidamente.

Nas locuções

Não se emprega o hífen nas locuções substantivas, adjetivas, pronominais, adverbiais, prepositivas ou conjuncionais, salvo em algumas exceções já consagradas pelo uso (caso de *água-de-colônia*, *arco-da-velha*, *cor-de-rosa*, *mais-que-perfeito*, *pé-de-meia*, *ao deus-dará*, *à queima-roupa*).

Exemplos de locuções que **não levam hífen**:

a) **Substantivas:** *calcanhar de aquiles, cão de guarda, arco e flecha, fim de semana, sala de jantar, pau a pique, alma danada, boca de fogo, burro de carga, juiz de paz, oficial de dia, general de divisão, folha de flandres, camisa de vênus, ponto e vírgula, fogo de santelmo, cafundó de judas, comum de dois.*

b) **Adjetivas:** *cor de vinho, cor de açafrão, cor de café com leite, à toa, sem fim* (dúvidas *sem fim*), *às direitas* (pessoas *às direitas*), *tuta e meia.*

c) **Pronominais:** *nós mesmos, cada um, ele próprio, quem quer que seja.*

d) **Adverbiais:** *depois de amanhã, à parte* (note-se o substantivo *aparte*), *à vontade, de mais* (locução que se contrapõe a *de menos*; note-se *demais*, advérbio, conjunção etc.), *em cima, por isso, à toa, tão somente, a olhos vistos, de repente, de per se.*

e) **Prepositivas:** *à parte de, abaixo de, acerca de, acima de, a fim de, a par de, apesar de, aquando de, debaixo de, enquanto a, por baixo de, por cima de, quanto a.*

f) **Conjuncionais:** *a fim de que, ao passo que, contanto que, logo que, por conseguinte, visto que.*

Observação 1

Expressões com valor de substantivo, como *deus nos acuda, salve-se quem puder, um faz de contas, um disse me disse, um maria vai com as outras* (sem vontade própria ou teleguiado), *bumba meu boi, tomara que caia,* segundo o Acordo, são unidades fraseológicas que devem ser grafadas sem hífen.

Observação 2

Igualmente, serão usadas sem hífen locuções como *dia a dia* (substantivo e advérbio), *sobe e desce, cão de guarda, pão de mel.*

Nas formações com prefixos

1. O hífen é empregado quando o primeiro elemento terminar por vogal igual à que inicia o segundo elemento.

sobre-estimar

anti-ibérico

arqui-inteligente

auto-observação

contra-almirante

eletro-ótica

semi-interno

Observação

Estão incluídos nesse princípio geral os prefixos e elementos antepositivos terminados por vogal como: **agro-, albi-, alfa-, ante-, ântero-, anti-, arqui-, auto-, beta-, bi-, bio-, contra-, eletro-, euro-, ínfero-, infra-, íntero-, iso-, macro-, mega-, micro-, multi-, neo-, neuro-, orto-, poli-, póstero-, pseudo-, semi-, sobre-, sócio-, super-, súpero-.**

---

2. No caso de o primeiro elemento terminar por vogal diferente daquela que inicia o segundo elemento, não se emprega o hífen.

agroindustrial

aeroespacial

anteaurora

antiaéreo

3. Em formações com os prefixos **co-, pro-, pre-** e **re-**, estes são aglutinados com o segundo elemento mesmo quando iniciado por **o** ou **e**.

coautor

coedição

procônsul

preeleito

reeleição

coabitar

coerdeiro

203

4. Emprega-se o hífen quando o primeiro elemento terminar por consoante igual à que inicia o segundo elemento.

ad-digital *sub-barrocal*

hiper-requintado

5. Emprega-se o hífen quando o primeiro elemento terminar com acentuação gráfica, como em **pós-**, **pré-**, **pró-**.

pós-graduação *pró-ativo*

pré-escolar *pró-europeu*

pré-história

6. O hífen é empregado quando o primeiro elemento termina por **-m** ou **-n** e o segundo começa por **vogal**, **h**, **m** ou **n**.

pan-negritude *pan-harmônico*

circum-escolar *pan-mágico*

7. Emprega-se o hífen quando o primeiro elemento é um destes prefixos: **ex-** (anterioridade ou cessação), **sota-**, **soto-**, **vice-**, **vizo-**.

ex-almirante *soto-pôr* (mas, *sobrepor*)

sota-almirante *vice-reitor*

sota-capitão

8. O hífen é empregado quando o primeiro elemento termina por **sob-**, **sub-**, **vogal**, ou pelos prefixos terminados em **-r** (**hiper-**, **super-** e **inter-**), e o segundo elemento começa por **h**.

adeno-hipófise *sub-hepático*

bio-histórico *sub-humano*

deca-hidratado *super-homem*

poli-hidrite

Observação 1

Nos casos em que não houver perda do som da vogal final do primeiro elemento, e o elemento seguinte começar com **h**, serão usadas as duas formas gráficas: *carbo-hidrato* e *carboidrato*; *zoo-hematina* e *zooematina*. Contudo, se houver perda do som da vogal do primeiro elemento, a grafia consagrada deve ser mantida: *cloridrato*, *cloridria*, *clorídrico*, *quinidrona*, *sulfidrila*, *xilar-mônica*, *xilarmônico*. Permanecem como estão as palavras que já são de uso consagrado, como *reidratar*, *reumanizar*, *reabituar*, *reabitar*, *reabilitar* e *reaver*.

Observação 2

O hífen não é empregado em formações com os prefixos **des-** e **in-** quando o segundo elemento perde o **h** inicial: *desumano*, *desumidificar*, *inábil*, *inumano* etc.

> **Observação 3**
>
> Não se usa hífen com a palavra **não** com função prefixal: *não agressão*, *não alinhado*, *não beligerante*, *não violência*, *não participação*.

9. Emprega-se o hífen quando o primeiro elemento termina por **b-** (ab-, ob-, sob-, sub-), ou **d-** (ad-), e o segundo elemento começa por **b** ou **r**.

ad-renal	*sub-réptil*
ad-referendar	*sub-bélico*
ab-rupto	*sub-bosque*
sub-reitor	*sub-rogar*
sub-bar	*ob-rogar*

> **Observação**
>
> *Adrenalina*, *adrenalite* e afins já são exceções consagradas pelo uso. *Ab-rupto* é preferível a *abrupto*.

10. Não se emprega o hífen quando o primeiro elemento termina por **vogal** e o segundo começa por **r** ou **s**, devendo estas consoantes duplicar-se (uso já generalizado em palavras desse tipo e que pertencem aos âmbitos científico e técnico).

antessala	*cosseno*
antirreligioso	*minissaia*
contrarregra	

Nas formações com sufixo

O hífen é empregado apenas nos vocábulos terminados pelos sufixos de origem tupi--guarani **-açu** (= grande), **-guaçu** (= grande), **-mirim** (= pequeno), quando o primeiro elemento termina por vogal acentuada graficamente ou quando a pronúncia exige a distinção gráfica dos dois elementos.

amoré-guaçu	*capim-açu*
anafá-mirim	*Ceará-Mirim*
andá-açu	

III. Classes gramaticais

substantivo	Palavra que dá nome a todos os seres, reais ou imaginados, aos sentimentos, às qualidades.	gato, casa, sonho, felicidade, Júlio, amizade, trabalho
adjetivo	Palavra que acompanha o substantivo, qualificando-o.	belo, feio, brilhante
artigo	Palavra que antecede o substantivo, modificando-lhe o sentido.	artigos definidos: o, a, os, as artigos indefinidos: um, uma, uns, umas
numeral	Palavra que indica quantidade (cardinais), ordem (ordinais), fração (fracionários) ou múltiplo (multiplicativo).	dez, dois, segundo, décimo, terço, dobro
advérbio	Palavra que modifica o sentido de um verbo, de um adjetivo ou de outro advérbio.	bem, mais, muito, ontem, certamente, não, talvez, tão
verbo	Palavra que indica ação, estado ou fenômeno da natureza relacionado a determinado tempo.	amar, viver, sorrir, ter, chover, falar, ser, estar, ver, haver, pôr, ir
preposição	Uma espécie de "ponte" que une duas palavras entre si.	a, ante, após, até, com, contra, de, desde, em, entre, por, perante, sem, sobre, sob, trás
pronome	Palavra que substitui ou acompanha o substantivo.	eu, mim, o, meu, este, alguém, tudo, qual, que
conjunção	Palavra que tem a função de unir, de articular orações ou palavras de valor idêntico.	mas, e, pois, porque, portanto, que, logo, ou, quando, se, como, porém
interjeição	Palavra que expressa estado de espírito, emoções, sentimentos, apelos.	ora, oh!, ah!, ufa!, oba!, ei!, fora!, coragem!, viva!

IV. Substantivo

Classificação

Substantivo comum

A **mãe** do Menino Maluquinho comprou **flores**.

Precisamos comer **peixe**.

Você me emprestaria seu **lápis**?

A **novela** ontem foi interessante.

O **perfume** era muito caro.

Substantivo próprio

O **Menino Maluquinho** tem seu próprio estilo.

São Paulo localiza-se na Região **Sudeste**.

A revista **Veja** é uma das revistas mais lidas do **Brasil**.

Português é uma disciplina muito importante.

A **Bienal Internacional do Livro** reúne importantes escritores.

Substantivo primitivo

Os **garotos** estão agitados.

A **porta** fechou sozinha.

O **pão** está quentinho.

Não fiz a **barba** hoje.

O **amor** modifica as **pessoas**.

Substantivo derivado

A **garotada** está agitada.

O **porteiro** não estava na **portaria** do prédio.

O **padeiro** não abriu a **padaria** hoje.

O **barbeiro** conversava com seu amigo na **barbearia**.

Meu **amorzinho** viajou.

Substantivo simples

Quebrei meu **pé.**

Minha **flor** favorita é a **margarida**.

O **mapa** está no **armário**.

A **feira** estava cara hoje.

Não sinto mais **dor** no braço.

Substantivo composto

Plantei um **amor-perfeito**.

O **beija-flor** é um lindo pássaro.

Não encontrei meu **mapa-múndi**.

Quarta-feira tem jogo do Brasil.

Valdemar perdeu o **guarda-chuva**.

Substantivo coletivo

O **álbum** do casamento ficou pronto.
Usaremos a **baixela** de prata.
O **júri** decidirá hoje a sentença do réu.
Houve um incêndio na **floresta**.
Recebemos um lindo **buquê**.

PRINCIPAIS COLETIVOS	
álbum: de fotografias	**cavalaria:** de cavalos
alcateia: de lobos	**clero:** de padres
arquipélago: de ilhas	**código:** de leis
assembleia: de deputados, senadores, professores	**constelação:** de estrelas
batalhão: de soldados	**cordilheira, serra:** de montanhas
biblioteca: de livros	**coro:** de vozes
boiada: de bois	**década:** período de dez anos
bosque, mata, floresta: de árvores	**discoteca:** de discos
cacho: de bananas, cabelos	**elenco:** de atores, artistas
cáfila: de camelos	**enxame:** de abelhas
canteiro: de verduras, flores	**esquadrilha:** de aviões

caravana: de viajantes	**fauna:** de animais de uma região
catálogo: de livros, revistas	**flora:** de plantas de uma região
júri: de jurados	**gado:** de bois, vacas
manada: de elefantes, bois, porcos	**ramalhete:** de flores
matilha: de cães	**rebanho:** de ovelhas, carneiros, bois
milênio: período de mil anos	**réstia:** de alhos, de cebolas
molho: de chaves	**século:** período de cem anos
multidão: de pessoas	**time:** de jogadores
ninhada: de ovos, pintos, filhotes	**tribo:** de índios
orquestra: de músicos	**turma:** de alunos, trabalhadores
pelotão, batalhão, tropa: de soldados	**vara:** de porcos
penca: de frutas, flores	**vocabulário:** de palavras

V. Verbo

Modelo de conjugação dos verbos regulares e do verbo pôr

1ª conjugação: Louv-**ar**   2ª conjugação: Vend-**er**   3ª conjugação: Part-**ir**

Pôr

Indicativo

Presente

Eu louv-o	Vend-o	Part-o	P-onho
Tu louv-as	Vend-es	Part-es	P-ões
Ele louv-a	Vend-e	Part-e	P-õe
Nós louv-amos	Vend-emos	Part-imos	P-omos
Vós louv-ais	Vend-eis	Part-is	P-ondes
Eles louv-am	Vend-em	Part-em	P-õem

Pretérito imperfeito

Eu louv-ava	Vend-ia	Part-ia	P-unha
Tu louv-avas	Vend-ias	Part-ias	P-unhas
Ele louv-ava	Vend-ia	Part-ia	P-unha
Nós louv-ávamos	Vend-íamos	Part-íamos	P-únhamos
Vós louv-áveis	Vend-íeis	Part-íeis	P-únheis
Eles louv-avam	Vend-iam	Part-iam	P-unham

Pretérito perfeito

Eu louv-ei	Vend-i	Part-i	P-us
Tu louv-aste	Vend-este	Part-iste	P-useste
Ele louv-ou	Vend-eu	Part-iu	P-ôs
Nós louv-amos	Vend-emos	Part-imos	P-usemos
Vós louv-astes	Vend-estes	Part-istes	P-usestes
Eles louv-aram	Vend-eram	Part-iram	P-useram

Pretérito mais-que-perfeito

Eu louv-ara	Vend-era	Part-ira	P-usera
Tu louv-aras	Vend-eras	Part-iras	P-useras
Ele louv-ara	Vend-era	Part-ira	P-usera
Nós louv-áramos	Vend-êramos	Part-íramos	P-uséramos
Vós louv-áreis	Vend-êreis	Part-íreis	P-uséreis
Eles louv-aram	Vend-eram	Part-iram	P-useram

Futuro do presente

Eu louv-arei	Vend-erei	Part-irei	P-orei
Tu louv-arás	Vend-erás	Part-irás	P-orás
Ele louv-ará	Vend-erá	Part-irá	P-orá
Nós louv-aremos	Vend-eremos	Part-iremos	P-oremos
Vós louv-areis	Vend-ereis	Part-ireis	P-oreis
Eles louv-arão	Vend-erão	Part-irão	P-orão

Futuro do pretérito

Eu louv-aria	Vend-eria	Part-iria	P-oria
Tu louv-arias	Vend-erias	Part-irias	P-orias
Ele louv-aria	Vend-eria	Part-iria	P-oria
Nós louv-aríamos	Vend-eríamos	Part-iríamos	P-oríamos
Vós louv-aríeis	Vend-eríeis	Part-iríeis	P-oríeis
Eles louv-ariam	Vend-eriam	Part-iriam	P-oriam

Subjuntivo

Presente

Que...

Eu louv-e	Vend-a	Part-a	P-onha
Tu louv-es	Vend-as	Part-as	P-onhas
Ele louv-e	Vend-a	Part-a	P-onha
Nós louv-emos	Vend-amos	Part-amos	P-onhamos
Vós louv-eis	Vend-ais	Part-ais	P-onhais
Eles louv-em	Vend-am	Part-am	P-onham

Pretérito imperfeito

Se...

Eu louv-asse	Vend-esse	Part-isse	P-usesse
Tu louv-asses	Vend-esses	Part-isses	P-usesses
Ele louv-asse	Vend-esse	Part-isse	P-usesse
Nós louv-ássemos	Vend-êssemos	Part-íssemos	P-uséssemos
Vós louv-ásseis	Vend-êsseis	Part-ísseis	P-usésseis
Eles louv-assem	Vend-essem	Part-issem	P-usessem

Futuro

Quando...

Eu louv-ar	Vend-er	Part-ir	P-user
Tu louv-ares	Vend-eres	Part-ires	P-useres
Ele louv-ar	Vend-er	Part-ir	P-user
Nós louv-armos	Vend-ermos	Part-irmos	P-usermos
Vós louv-ardes	Vend-erdes	Part-irdes	P-userdes
Eles louv-arem	Vend-erem	Part-irem	P-userem

Formas nominais

Infinitivo impessoal

| Louv-ar | Vend-er | Part-ir | P-ôr |

Infinitivo pessoal

Louv-ar eu	Vend-er eu	Part-ir eu	P-ôr eu
Louv-ares tu	Vend-eres tu	Part-ires tu	P-ores tu
Louv-ar ele	Vend-er ele	Part-ir ele	P-ôr ele
Louv-armos nós	Vend-ermos nós	Part-irmos nós	P-ormos nós
Louv-ardes vós	Vend-erdes vós	Part-irdes vós	P-ordes vós
Louv-arem eles	Vend-erem eles	Part-irem eles	P-orem eles

Gerúndio

| Louv-ando | Vend-endo | Part-indo | P-ondo |

Particípio

| Louv-ado | Vend-ido | Part-ido | P-osto |

Emprego das formas nominais

Formas nominais do verbo: infinitivo, gerúndio e particípio.

Essas formas verbais indicam simplesmente o fato, de maneira vaga, imprecisa, impessoal.

Chamam-se formas nominais porque podem desempenhar as funções que são próprias dos nomes (substantivos e adjetivos).

Exemplos: o **jantar**, água **fervendo** (fervente), vaso **quebrado**.

Particípio: Recebe esse nome por participar do verbo e ter a função de adjetivo também.

1) Indica um fato concluído, uma ação relacionada com o passado.

   Exemplos: livro **rasgado**, folha **partida**.

2) É usado na conjugação dos tempos compostos dos verbos.

   Exemplos: tinha **estudado**, havia **imprimido**, tinha sido **alertado**.

3) Entra na formação da voz passiva dos verbos.

   Exemplo: O professor elogiou a classe.

   A classe foi **elogiada** pelo professor. (voz passiva)

Gerúndio

1) O gerúndio pode ter função adjetiva ou função adverbial.

   Exemplos: Há pessoas **passando** fome em São Paulo. (que passam, famintas)

   Há pessoas **famintas** (que passam fome) em São Paulo.

   Saindo, feche a porta.

   Quando sair, feche a porta. (quando sair: indica circunstância adverbial de tempo)

2) O gerúndio entra na composição de locuções verbais.

   Exemplo: **Estava falando** sozinho na rua.

Infinitivo

1) É a forma verbal apresentada pelos dicionários.

   Exemplo: *confabular*. **1. Trocar** ideias, conversar. **2. Conversar** sobre assunto secreto ou misterioso.

2) Pode ser substantivado, se antecedido pelo artigo.

   Exemplos: *O olhar* apaixonado da namorada.

   O jantar será servido às 20h.

VI. Pronomes

Pronome adjetivo: acompanha o nome.

Meu carro.

Aquela bicicleta.

Alguns vasos.

Pronome substantivo: substitui o nome.

Isto é **meu**.

Elas já chegaram.

Tudo acabou bem.

Classificação dos pronomes

Há vários tipos de pronomes.

Pronomes pessoais

caso reto	caso oblíquo
1ª pess. sing.: eu	1ª pess. sing.: me, mim, comigo
2ª pess. sing.: tu	2ª pess. sing.: te, ti, contigo
3ª pess. sing.: ele/ela	3ª pess. sing.: se, si, consigo, o, a, lhe
1ª pess. plural: nós	1ª pess. plural: nos, conosco
2ª pess. plural: vós	2ª pess. plural: vos, convosco
3ª pess. plural: eles/elas	3ª pess. plural: se, si, consigo, os, as, lhes

Notas:

1. Os pronomes oblíquos **o**, **a**, **os**, **as**, quando vêm ligados a uma forma verbal terminada por **r**, **s**, **z**, assumem as formas **lo**, **la**, **los**, **las**:

    Não posso leva**r-o**. → Não posso levá-**lo**.
    Levamo**s-as** → Levamo-**la**
    Fi**z-a** → Fi-**la**

2. Quando a forma verbal termina em **m**, **ão**, **õe** recebe as formas pronominais **no**, **na**, **nos**, **nas**:

    Pegara**m-o** → Pegara**m-no**
    Conta**rão-os** → Contar-**nos-ão**
    Sup**õe-a** → Sup**õe-na**

Pronomes de tratamento

emprego	pronome	abreviatura
reis e imperadores	Vossa Majestade	V.M. (plural: VV.MM.)
príncipe	Vossa Alteza	V.A. (plural: VV.AA.)
papa	Vossa Santidade	V.S.
cardeais	Vossa Eminência	V.Em^a. (plural: VV.Em^{as}.)
altas autoridades: ministros, prefeitos, governadores...	Vossa Excelência	V.Exª. (plural: V.Ex^{as}.)
autoridades menores e pessoas de respeito	Vossa Senhoria	V.S^a. (plural: V.S^{as}.)
juiz	Meritíssimo	MM. ou M^{mo}
sacerdotes e religiosos em geral	Vossa Reverendíssima	V.Rev^{ma}. (plural: Rev^{mas}.)
tratamento de respeito para as pessoas em geral	Senhor Senhora/Senhorita	Sr. (plural: Srs.) Sr^a. (plural: Sras.) ou Sr^{ta}. (plural: Sr^{tas}.)
pessoas com quem temos mais proximidade/familiaridade	Você	v.

Pronomes possessivos

1ª pess. sing.: meu, minha, meus, minhas	1ª pess. plural: nosso, nossa, nossos, nossas
2ª pess. sing.: teu, tua, teus, tuas	2ª pess. plural: vosso, vossa, vossos, vossas
3ª pess. sing.: seu, sua	3ª pess. plural: seus, suas

Pronomes demonstrativos

este, esta, estes, estas, isto
esse, essa, esses, essas, isso
aquele, aquela, aqueles, aquelas, aquilo

Pronomes indefinidos

algum, alguma, alguns, algumas, alguém
nenhum, nenhuma, nenhuns, nenhumas, ninguém
todo, toda, todos, todas, tudo
outro, outra, outros, outras, outrem
muito, muita, muitos, muitas, nada
pouco, pouca, poucos, poucas, algo
certo, certa, certos, certas, cada

Pronomes interrogativos

que, quem, qual, quais, quanto, quanta, quantos, quantas

Pronomes relativos

o qual, a qual, os quais, as quais, que, quem
cujo, cuja, cujos, cujas
onde

VII. Afixos (prefixos e/ou sufixos)

Prefixos latinos

prefixo	significado	exemplos
ab-, abs-	afastamento, separação	abdicar, abstêmio
ad-, a-	aproximação, direção, adicionamento	adjunto, advérbio, apor
ambi-	duplicidade	ambidestro, ambíguo
ante-	anterior	antepor, antebraço
bi-, bis-, bin-	duplicidade	bicampeão, bisavó, binóculo
com-, con-, co-	companhia, combinação	companheiro, coautor, concordância
contra-	oposição, contrário	contradizer, contra-atacar
de(s)-, dis-	negação, movimento para baixo, afastamento	desleal, deslocar, dissidente, decair
ex-, es-, e-	movimento para fora, mudança, separação	exportar, ex-aluno, esvaziar, evadir
extra-	superioridade, posição exterior	extraordinário, extraclasse
in-, im-, i-, en-	movimento para dentro	ingerir, importar, enterrar
in-, im-, i-	negação	incerteza, impróprio, ilegal
pré-, pre-	anterioridade, superioridade	pré-história, pré-vestibular, preconceito, predileto
pro-	antes, movimento para frente, a favor de	programa, prosseguir
re-	repetição, movimento para trás	refazer, regredir, reeditar
semi-	metade	semicírculo, seminu
super-, sobre-	posição superior	superprodução, super-homem, sobrevoar
trans-, tras-, tra-	movimento através de, mudança de estado	transbordar, transformar, traduzir
ultra-	posição além do limite	ultramar, ultrassensível
vice-, vis-	substituição, em lugar de	vice-governador, vice-presidente, visconde

Prefixos gregos

prefixo	significado	exemplos
a-, an-	negação, privação	ateu, apolítico, anormal
ana-	afastamento, inversão	anarquia, anacrônico
anfi-	duplicidade	anfíbio, anfiteatro
anti-	oposição	antídoto, antibiótico
apo-	separação	apogeu, apofonia
arqui-	superioridade, principal	arquibancada, arquipélago
cata-	movimento de cima para baixo	catarata, catadupa
di-	duplicidade, intensidade	dilema, ditongo
dis-	dificuldade	disenteria, dispneia
dia-	através de	diálogo, diagrama
epi-	posição superior	epiderme, epitáfio
ex-	movimento para fora	exportar, êxodo
hemi-	metade, meio	hemisfério, hemiciclo
hiper-	excesso	hiperácido, hipérbole
hipo-	posição inferior	hipoteca, hipotenusa
meta-	além de, mudança	metamorfose, metafísica
para-, par-	junto de, semelhante	parágrafo, parônimo
peri-	em torno de	periferia, perímetro
pró-	antes, movimento para frente, a favor de	programa, prosseguir, pró-russo
sim-, sin-, si-	reunião, simultaneidade	simpatia, síntese, sílaba

Sufixos nominais

sufixo	significado	exemplos
-ada, -agem, -al, -alha, -ama	agrupamento	fornada, folhagem, parentalha, laranjal, dinheirama
-aço, -aça, -arra, -orra, -aréu, -ázio, -ão	aumentativo	ricaço, barcaça, bocarra, cabeçorra, fogaréu, copázio
-acho, -ejo, -ela, -eta, -ico, -isco, -zinho, -zito, -ote, -culo, -ucho	diminutivo	riacho, lugarejo, magricela, saleta, chuvisco, glóbulo, pezinho, gotícula, gorducho

sufixo	significado	exemplos
-dade, -ção, -ança, -ez, -eza, -ície, -mento, -ude, -ura	ação, qualidade, estado	bondade, poluição, parecença, viuvez, pobreza, calvície, casamento, brancura
-aria, -eria	estabelecimento comercial, ação	pedraria, gritaria, livraria
-ário, -eiro, -dor, -ista, -sor, -tor, -nte	profissão, agente	secretário, padeiro, professor, cantor, sambista
-douro, -tório	lugar	bebedouro, escritório
-ano, -ão, -ense, -eiro, -eu, -ino, -ês, -esa, -ista	origem, naturalidade, nacionalidade	sergipano, cearense, brasileiro, europeu, londrino, japonesa, campista
-oso, -udo	abundância	maravilhoso, gostoso, barbudo
-imo, -érrimo, -íssimo	excesso, superlativo	dificílimo, nigérrimo, lindíssima
-ia, -ismo	ciência, sistema político ou religioso, escola	anatomia, comunismo, catolicismo, romantismo, realismo
-ite	inflamação	rinite, gastrite, sinusite
-ose	estado mórbido, ação	cirrose, trombose, endosmose
-vel	possibilidade de praticar ação, estado, quantidade	audível, admirável, razoável, amigável

Sufixos verbais

sufixo	significado	exemplos
-ar, -er, -ir, izar, -entar	ação	cantar, correr, memorizar, apoquentar
-ecer	início de ação, mudança de estado	amanhecer, envelhecer, escurecer, florescer
-ejar, -itar, -ilhar, -ear, -açar	frequência, permanência	festejar, agitar, fervilhar, clarear
-icar, -itar, -iscar, -inhar	ação pouco intensa	adocicar, saltitar, chuviscar, espezinhar

Sufixo adverbial

sufixo	significado	exemplos
-mente	modo (geralmente)	francamente, sabiamente

Glossário

Alpercata: calçado (sandália)

Arumã: erva de folhas orvalhadas e flores amarelas. Suas fibras costumam ser usadas para fazer cestos.

Berça (do verbo **berçar**): acolhe, rodeia. Embora os dicionários brasileiros de língua portuguesa não registrem esse verbo (berçar), é possível encontrá-lo no *Caldas Aulete* eletrônico: <http://www.aulete.uol.com.br>.

Design: desenho e concepção de um produto; envolve a forma e a funcionalidade desse produto.

Escafandros: vestimentas impermeáveis, hermeticamente fechadas, usadas em geral por mergulhadores profissionais para trabalhos debaixo d'água.

Exalçava-me (do verbo **exalçar**): engrandecia-me.

Fagueira: suave, amena.

Fremente: agitado, cheio de emoção.

Gota: doença que ocorre sobretudo nas articulações e que se caracteriza por dolorosas inflamações.

Lanhões: golpes, ferimentos feitos com instrumento cortante; ferimentos no corpo provenientes do arrancamento de tiras de couro ou de pele; marcas de açoite na pele.

Mangavam: caçoavam.

Matulão: pavio de candeeiro, mecha de candeeiro.

Projéteis: corpos lançados por impulsão de alguma força, para atingir uma ou um grupo de pessoas ou coisas; corpo disparado por uma arma.

Súbita: inesperada, rápida.

Vadeamos (do verbo **vadear**): atravessar (rio, brejo etc.) a pé pelos lugares menos profundos.

Indicação de leituras complementares

Unidade 1

Capítulo 1

Carta (com pretensão de contos) de um escritor aos estudantes. Fausto Wolff. São Paulo: Companhia Editora Nacional, 2005.

Comédias para ler na escola. Luis Fernando Verissimo. Rio de Janeiro: Objetiva, 2001.

O enigma dos vikings. Romilda Raeder. São Paulo: Atual, 1999.

Pequeno dicionário de palavras ao vento. Adriana Falcão. São Paulo: Planeta, 2003.

Capítulo 2

Beijo na boca. Ivan Jaf. São Paulo: Moderna, 1994.

Mano descobre o amor. Gilberto Dimenstein. São Paulo: Senac/Ática, 2001.

A marca de uma lágrima. Pedro Bandeira. São Paulo: Moderna, 1990.

O primeiro beijo e outros contos. Clarice Lispector. São Paulo: Ática, 1999.

Primeiros amores. Ângela Chaves. São Paulo: Companhia Editora Nacional, 2005.

Sete faces da paixão. Marcia Kupstas. São Paulo: Moderna, 1996.

Filme

De volta para casa. Direção: Peter Faiman. EUA, 1991.

Sites

<http://ww.bibvirt.futuro.usp.br>. Acesso em: 10 mar. 2012.

<http://www.andi.org.br>. Acesso em: 10 mar. 2012.

<http://ciberpoesia.com.br/>. Acesso em: 10 mar. 2012.

O poeta Sergio Capparelli, juntamente com a *designer* gráfica Ana Cláudia Gruszynski, criou esse *site* de poemas visuais e poemas interativos. A partir dele você pode também visitar outros *sites* de poesia e exposições virtuais.

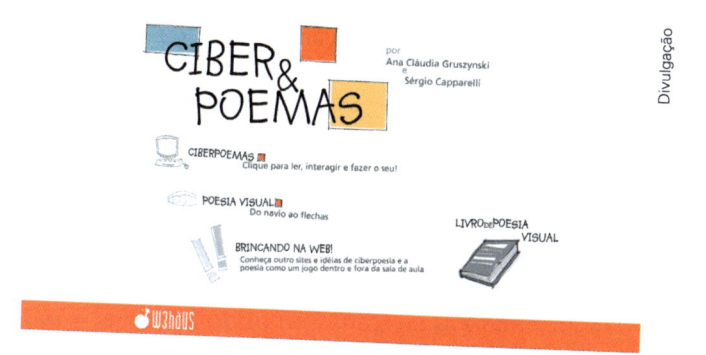

Unidade 2

Lendas brasileiras para jovens. Luís da Câmara Cascudo. São Paulo: Global, 2006.

Nas lendas reunidas nessa antologia, podemos descobrir toda a riqueza e a diversidade que formam o povo brasileiro: a herança que povos como os indígenas, africanos e europeus deixaram em nossos costumes, na nossa língua.

Lendas e mitos do Brasil. Theobalto Miranda Santos. São Paulo: Companhia Editora Nacional, 2005.

Literatura brasileira para a infância e a juventude: lendas, contos & fábulas populares no Brasil. Henriqueta Lisboa. São Paulo: Peirópolis, 2002.

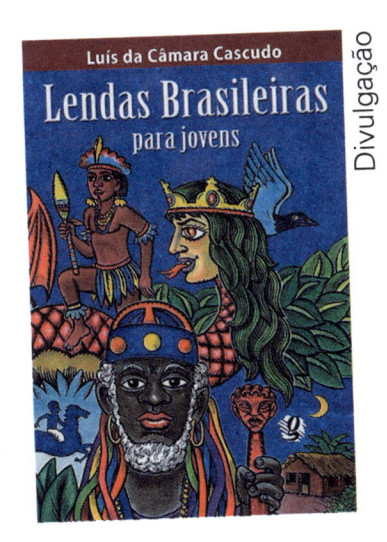

O príncipe do destino: histórias da mitologia afro-brasileira. Reginaldo Prandi. São Paulo: Cosac & Naify, 2001.

Capítulo 2

Alice no País das Maravilhas. Lewis Carol. São Paulo: Companhia Editora Nacional, 2005.

Alexandre e outros heróis. Graciliano Ramos. São Paulo: Record, 1991.

A ilha do tesouro. Robert Louis Stevenson. Adaptação de Fiona Macdonald. Ilustrações de Penko Gelev. São Paulo: Companhia Editora Nacional, 2008.

O jovem Jim Hawkins parte para uma grande aventura, após a descoberta de um mapa secreto do tesouro. Adaptação para quadrinhos do clássico da literatura de aventuras escrito por Robert Louis Stevenson.

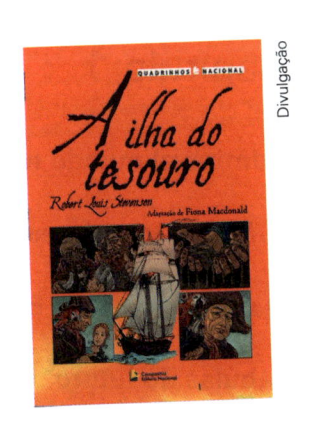

A mina de ouro. Maria José Dupré. São Paulo: Ática, 2002.

Moby Dick. Herman Melville. Adaptação de Sophie Fusse. Ilustrações de Penko Gelev. São Paulo: Companhia Editora Nacional, 2008.

Ismael sonhava em embarcar em um navio baleeiro e fazer fortuna com a caça às baleias. Mas a realidade mostrou-se mais sombria e a viagem acabou se transformando em uma luta pela vida. *Moby Dick* é um dos mais famosos livros de aventura de todos os tempos.

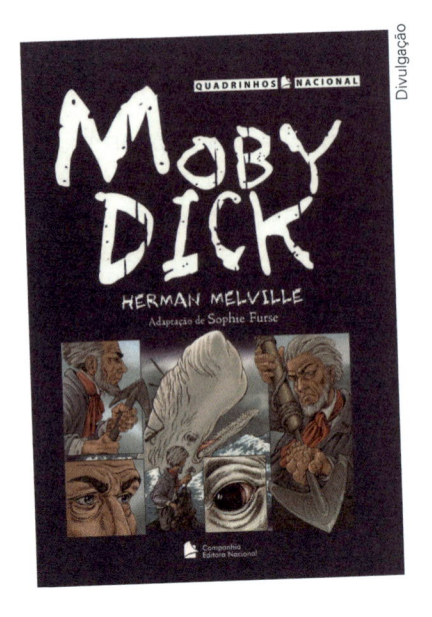

Viagens de Gulliver. Jonathan Swift. São Paulo: Companhia das Letrinhas, 2005.

A volta ao mundo em 80 dias. Júlio Verne. São Paulo: Martin Claret, 2003.

Filmes

Indiana Jones e os caçadores da arca perdida. Direção: Steven Spielberg. EUA, 1981.

Indiana Jones e o templo da perdição. Direção: Steven Spielberg. EUA, 1984.

Indiana Jones e a última cruzada. Direção: Steven Spielberg. EUA, 1989.

Indiana Jones e o reino da caveira de cristal. Direção: Steven Spielberg. EUA, 2008.

O náufrago. Direção: Robert Zemeckis. EUA, 2000.

Unidade 3

Capítulo 1

Admirável mundo novo. Aldous Huxley. São Paulo: Globo, 2001.

O *boy* da Via Láctea. Regina Chamilian. São Paulo: Moderna, 1999.

O curioso caso de Benjamin Button. F. Scott Fitzgerald. São Paulo: Ediouro, 2009.

Fábulas do futuro. Ulisses Tavares. São Paulo: Ed. do Brasil, 2001.

O planeta do amor eterno. Maria de Regina. São Paulo: Moderna, 1993.

Filmes

K-Pax. Direção: Lains Softley. EUA, 2001.

Caso Roswell. Direção: Jeremy Paul Kagan. EUA, 1994.

Sinais. Direção: M. Night Shyamalan. EUA, 2002.

O guia do mochileiro das galáxias. Direção: Garth Jennings. Inglaterra, 2005.

Arthur Dent fica sabendo de uma notícia bombástica: a Terra vai ser demolida para a construção de uma estrada espacial. Ele resolve então pedir carona em uma nave espacial. Para isso, vai ter a ajuda de um extraterrestre disfarçado, que estava na Terra para fazer pesquisas para seu guia de viagem intergaláctico. Nessa comédia inglesa, as risadas estão garantidas.

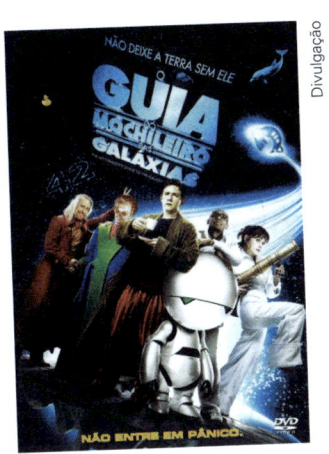

Capítulo 2

História de humor. Luis Fernando Verissimo. São Paulo: Scipione, 2005.

O mais assustador do folclore: monstros da mitologia brasileira. Luciana Garcia. São Paulo: Caramelo, 2005.

Nasrudim. Regina Machado. São Paulo: Companhia das Letrinhas, 2001.

Os natos em Deu a louca no mundo. Beto Junqueira. São Paulo: Companhia Editora Nacional, 2009.

Que história é essa? Flávio de Souza. São Paulo: Companhia das Letrinhas, 2005.

Filmes

Uma babá quase perfeita. Direção: Chris Colombus. EUA, 1993.

O corintiano. Direção: Milton Amaral. Brasil, 1996.

Jamaica abaixo de zero. Direção: Jon Torteltaub. EUA, 1993.

Luzes da cidade. Direção: Charles Chaplin. EUA, 1931.

A marvada carne. Direção: André Klotzel. Brasil, 1985.

O vendedor de linguiça. Direção: Glauco Mirko Laurelli. Brasil, 1962.

Site
<http://almanaquebrasil.com.br>. Acesso em: 10 mar. 2012.

Unidade 4

Capítulo 1

Consumir é... Liliana Iacocca; Michele Iacocca; Oriana M. White. São Paulo: DeLeitura, 1999.

Dinheiro do céu. Marcos Rey. São Paulo: Ática, 1991.

O livro do adolescente: discutindo ideias e atitudes com o jovem de hoje. Liliana Iacocca; Michele Iacocca. São Paulo: Ática, 2005.

Capítulo 2

Cultura e consumo. Grant McCracken. Rio de Janeiro: Mauad, 2003.

Os delírios de consumo de Becky Bloom. Sophie Kinsella. Rio de Janeiro: Record, 2001.

O diabo e outras histórias. Liev Tolstói. São Paulo: Cosac & Naify, 2003.

Os heróis e o consumo – útil e necessário. Beatriz Monteiro da Cunha. São Paulo: 2001.

Filmes

1,99. Direção: Marcelo Marzagão. Brasil, 2003.

Legalmente loira 2. Direção: Charles Herman-Wurmfeld. EUA, 2003.

As patricinhas de Beverly Hills. Direção: Amy Hecherling. EUA, 1995.